全椒古代典籍叢書

吴國縉集（外一種）

3

（清）吴國縉 撰

政協全椒縣委員會 編
國家圖書館出版社

第三册目録

世書堂稿二十三卷（卷一至六）

（清）吴國縉 撰

清順治十八年（1661）刻本

左曹兩太史鑒定

吳玉林先生
世書堂稿

本衙藏板

書林韋敬山
王奉台繡梓

吳玉林世書堂稿序

一代之興必有一代之英碩槖應而起上以襄贊皇猷黼藻縟惪亮矣或者供纂脩待記問金匱石室勞宣史册或者别歷險龜剸斷擦劉拜霍於條敎詰戎

之間再之則有抗爽不羣之才淹博兼通之養息枕鏡鍔形於嘯咏山水清音廟畫偉奏良其鍾靈蓄嶽而備一代風雅之徵予不佞以是推玉林吳子知非譽言矣己丑春潔弁漢墨得與

訂道譜尚未半面也然吳子漚
葩經趙家先予十年鑒賞南國
藉藉名卿間壬辰入　都對之
如曉烟秋水蕭然自遠試策不
前能無棒喝徑達之思與孫胥
臆則綜貫百家雄譚鉅作傾倒

不啻梅丁可再入氣宇益淵宏襟抱益清灑時經冰在地寒月凌空別予而南予贈之以詩有雪蕊吹滿野山色坐環灤之句固知其有得優乎中矣迨戊戌似玉隨公共事銀閣每邀詢起

居別曰從不事醞含亦勿走適
顯間與兄昆玉弦玉須池草庭
花簾唱杯酌咏則取周以下古
人篇什與爲寢食焉尋以自富
而諧吕同卑絶亡玉驕至果持
其兄訪輯者文部待編次其先

詠詩部二十三卷予披而唯之
百體俱備元音渾妃阮遠得乎
駢儷復翦棄乎堅深大雅嗟風
木猶棠華兮攀友根極之良高
矢東望陳金石則神韻和平之
旨焉至撊勞拯災規時諷諫則

藹乎忠愛愷惻焉以是敷揚先
美維挽淳厚誠昭明振不及見
而孔孟載筆足稱者乎予慕其
同時儒英訏決一室而復標奇
領異與吾輩淵通屬翼逸迭鼓
吹一代風雅之徽其在斯矣而

乃不為之叙

旨

順治庚子冬杪瀛海年弟左敬

祖虔孫甫拜題於木天居

序

己丑之役同年成進士者四百人其升沉不可更僕數而通籍以後退身家食十三年不出者惟北譙吴年兄玉林一人今年編次

其生平之詩都爲一集三
千里寄言屬序于余余讀
而歎曰向惜玉林老而不
出今乃知其所取于世者
誠遠且大也古之爲詩者
必有至性孤詣舉凡鈎心

之榮利梏身之釁折足以
累吾詩者避之若仇讎然
後神全而業就世人汲汲
戚戚雖寐不忘以其餘力
汜濫剽奪正如茂先所謂
王之學華都在形骸之外

去之所以彌遠雖復盈囊溢帙而其守之不爲衆之不深者可一望而知此詩之必窮窮之必工其理終不可易而玉林之窮于詩而不悔也玉林以玉鉉爲

兄以玉騧玉隨為弟鏃礪
問學有吳門四甫之風余
嘗過其家老屋三間淡然
衡泌非士大夫之有所為
而託于貧者頤獨好為詩
陶冶性靈流連景物如冬

夏之裘葛朝夕之米鹽未
嘗一日離焉昔人遘天寶
而行吟臨歙江而悔仕亾
會其時則然王林釋褐于
休明之世背郵惡聲未至
其耳遂已長揖人間短鑱

託命其所以累詩者盡絕
而又能窮老盡氣以為之
詩安得不工且多多益工
耶嗟呼人非太上惟功與
言計四百人中幸而通顯
者憑藉太平無容表建忘

或牽率應酬不暇竟其修詞之志其他一敗不復振者何限又不幸而死且竄則尤不可問矣玉林獨棄官而爲詩其功與人同歸于畫而其言斐然足以自

傳其取于世者頗不遠且大哉王林之詩不于六朝三唐標持品目而以自然爲宗洋〻灑〻深有合于言志之義有目共見無俟余言余惟言其至性孤詣

所以守之崇衆之深者以
為心褋殖薄者之戒且以
勸四百人中有玉林之志
而亡浮沉世網不能立言
自見如余者蓋尤足悲也
夫

順治辛丑重九前三日午

社弟漢陽塞齋熊伯龍

譔

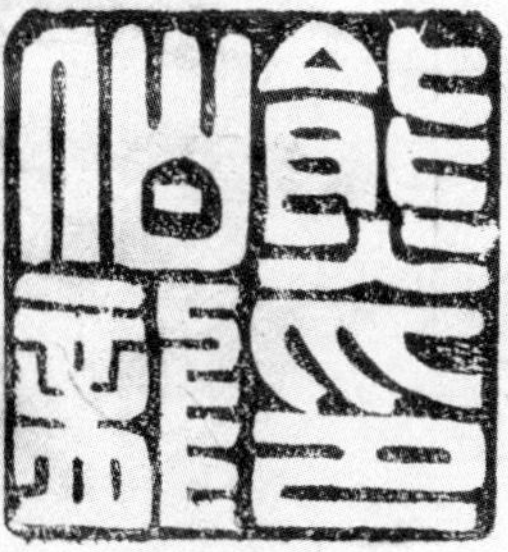

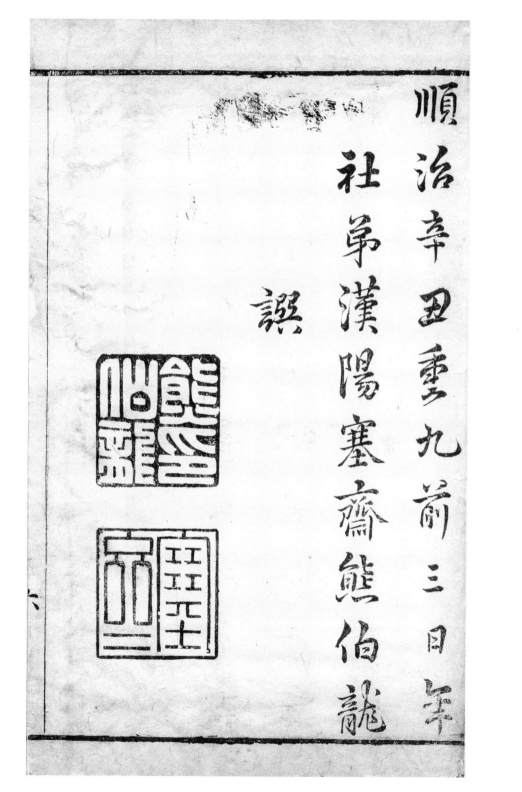

玉絃玉隨玉韞諸先生以鄉尚
法駕比謁選得進此萬書過
望以為浩李之懷已可遂也下
車晉謁登其堂肅肅爾望望然
容穆穆爾聽其言詞藹藹爾雅
擁有仁義之氣溢於眉宇豈

德之風盈於几席竊以為今之
古人所不盡荊菲倚拾蓬螢
出其全集而命予弁其首
余暇讀之見有炯若曙星者
矣有古若彝鼎者矣有煥
發春華之爛熳皎如秋月

吳玉林先生世書堂集叙

文章一道自古爲難大抵負雋

質者寡宏才擅一長者鮮兼

美故優於詞賦者絀於議論

長於律畫者遜於咏歌是以

卿雲不登康[illegible]之堂而賈董

罕奏明光之什。若夫其體衆長，傳綜羣美，自非叶星紀之占，鍾扶輿之氣，來鍾金靈光，咄奇曜，鼓吹表章，若斯之盛者也。余為經生時，稔仰南進吳玉林先生與其昆友

之澄輝者矣有奇若蜃樓海
市五色陸離駭浪驚風萬
怪惶惑者矣星躔若金管雲
撽聲傳天際準風小玉美
系雲中者矣其為樂府古詩之
遍漢魏六體後句下視徐庾

葉議彷彿長沙家令而序記不減韓歐時湯比人魯山澹翁諸叟澗為物屢遷為身不居而要歸於忠君愛國之心明體適用之學萬年然自成一家言而非附古人之上

似刻畫爲工者也假非天符
地沸鍾揚乃門而先生又加之
以閉戶自精耳卷獨渭安能
生之全美善爲成書必傳於
後無疑乎宜其驅後想雲嘯
嚴象石若將餘身也雖然昔

人云謝公不出如蒼生何方今

聖天子側席寤思求賢若渴霖

雨舟楫匪異人任先生又安

能終優游焉驅役烟雲嘯歌

泉石獨以文章一道高視千

古記是為敘

時
順治庚子春王年家晚弟
莊冏文頓首拜撰

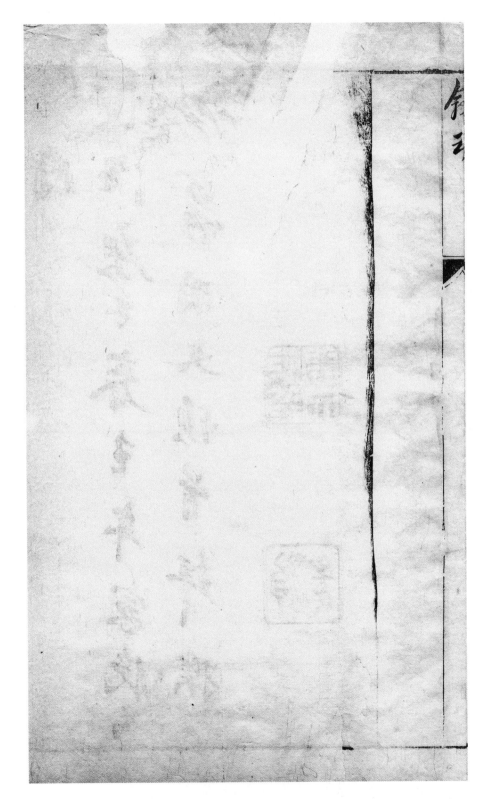

序

予不能詩又何能序詩能豈所之者大家序

以上道吾想藉以示於而好處以後無遺予

刻家跡以見畫而謝其氏兆其歲某某求

之而自工我不遑求之而未必工則無與其事

也韻之字而畢彩自序之手重筆序而動靜

刻請予後序之情毋追自是隨能其要以

未可得也予家日　先夫以思以請益　先
足下無述委每當請則報　持靈狀雅慕
陸梓所　論者以為不可及當以命予不肖
吾人歡予書吾人未以取去當每取以置於
筆研相墨生時無後耳　仲弟至頗具書
西山秋將　此速作招茲示予意得回日來後之
月初以爲什頗多到林先生亦遣東坡

而求食时不得其要不得平生歡嗜飲樽來
入口喉已枯報屏家貧出遊以為過三度載自
庚辰而歸至未而已丑九三新城壬辰大雪甲
午入覲選擧諸國門要道閣歷以報竟於難
與賢豪脩和貝狀詠家居幾歲月居亦冲床
手畫倦意其紙筆放當時無處不奮
之詩因作書之人大概實乃於從此於遠

與夔寅憤激其居面如李夢陽之樂極
遂移予於壁上郭亂坤下筆為之以對興也移
則醒醉皆清真以河人物風雨鳥卒皆
詩收錄人之香傳何如耶予未識未敢
營之其本一夫亦另直求其古文龍間雜學
而歸乎生以功夫於詩之句摸錄之無從付
之鋟鋟之年月而足告以予所為深通之遂

闽娇嫁穷庆鹭翔口资吕择人於江西者
尚中一学习四千余椽去强半以稍之其他文
献则以力未继而止名曰先生忠源也
孙之回护其之孙上之而后可无愧于
先生中　杨道行先生所刻之集以显
继之重刻先生集思见所获於涌平生志力
於先生诗之句多事於其少植乎柳亭因之

余
予戲詹從來先和予詩名無庚之賞氏
明四皇甫氏譚生跳之吳肇亦無人仲氏
濟吳楷張評論予四人皆以制藝起家乃生
同学同里進同年又同志寧之名燼滅而不
傳然吾曾亭木頑小亭性滑手送飲不論句元
不擬鄭即者指其覺筋之要在好隱行
古人若不頭身自餘予詩一讀曰語不驚人

兹亦佳偶之係之耳 以質吾鯨英存為作

在城南聯珠集也予勤為此哉不能為好

多年玉林刻成世其子已詳序之矣 若行

先生經之兼兄叙亦已而又難以律金再著

鉄功硯寶光予文何求數語予家兄也亦不

以題极為述之若以為序 告

順治辛丑菊月朔日六十六歲兄樸溪農國書

澤存東壁室樣新本

世書堂刻詩序

先大人課不肖輩以古今文不廢詩學每酒酣命筆疾書所得即不遂志於有司澹安義命五十初度詩云而今始悟黃粱夢不信清閒不是儒盡以古人自期故其爲句往往超勝不肖輩不能窺其涯涘也顧願學焉而

要能言其所欲言縱橫侈肆磊砢與
矯事隨年進殊不可強余兄叔氏涉
之十餘年乃裒然大集以見矣嗟乎
才藏于胸用之愈出學成於志積之
愈深天下事不盡然耶彼司馬遷相
如楊雄之徒以及杜甫李白白樂天
蘇軾黃庭堅之輩文章傳數千百年

方其操觚豈自度吾所作應何等耶至于今日乃知其如此人烏可不自勉哉然余叔氏之爲此也志甚銳氣甚豪其未成也如有所負而甚歉及成而就梓復抑然自下惟以不得當于作者之林則又甚懼要之以詩而求知于天下後世也其心固有所甚

不得已者也朱西江云士君子遭時
行志功烈出乎竹帛聲稱逮于來世
彼寧以危言姸辭爲愉快哉即有之
而往往以其大者掩而弗稱故燕許
大手筆潤色一代而文苑弗列惟以
嘔肝劌心沉冥汗青之士稱焉此其
人舉所不得施行之志而盡付于空

言以祈知于後所不可知之人則可悲矣余叔氏善處貧病而年齒復不後人不出爲世用此誠有不敢輕社稷民人之心也非輕五斗如栗里自傲者比也進既不得有所表見退又無所以爲不朽漫尋歲月放遣山林無乃潑潑乎故疲心力于咏歌文詞

之間而樂爲之亦甚不得已而出此也獨是立言之指千態萬格終于澹眞王太常云王摩詰白樂天皆以詩人得名晚而悟道大都摩詰從寡欲入故多矜潔淸淨樂天從知足入故多廣大自在學人晚年學道未離游戲應于此中領取此可以知吾叔氏

之寄託矣即以稾本　先大夫言詩
之教或亦未遠耳至其詩品專家嘗
屬何等世有宗匠對固未能言也
順治十有八年正月望日
弟國對頓首拜譔

自記

天之大也繙何如乎而㠯質海內古今之衆也繙何如乎而以待來者繙且極鈍極懞目不能瞬悟心不能宿記學海書山又復未能有所涉獵荒謬淺俚甚哉自癸未家伯季公偕獨繙中落愁程淒旅中初弄切反學吚哦繼則孺慕昆懷時誼世故有感輒津津欲吐蕪之客況山川里梱寒暑苦味窮情膠附臆腕不揮之紙不去迄今十有九年矣纖積幾四千餘伯兄曰盍梓諸亦一時所寄耶裒之范令君楊學長曰可函而裁諸左曹兩史公亦曰可因謬錄

其半工竣而翻閱之荒謬淺俚其狀百出火之將爐神必叱抑又念藉攻玉於海內而恣來者之唼喋自有此一種嫫膜娭顰以供劇觀惟諸君子不深棄而筆舌以及之繙則百拜焉㠯從事

皆

順治庚子冬正臘日吳子國縉記於世書堂竹牕之次

世書堂稿總目

世書堂稿總目終

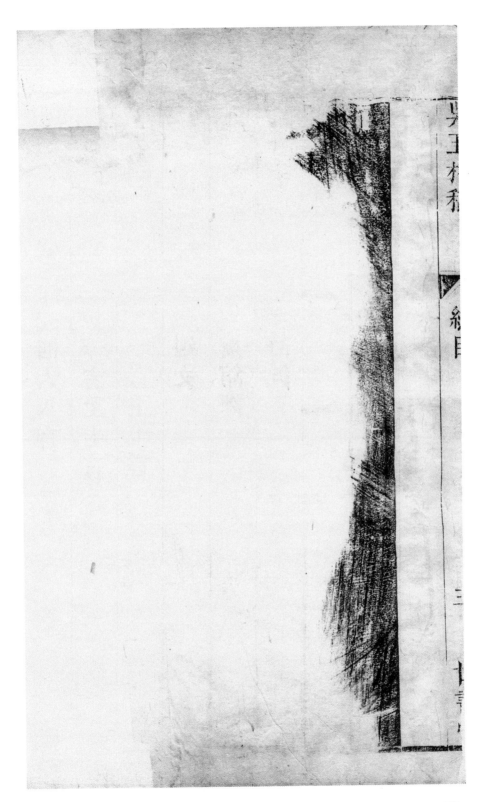

稿卷一目錄

古樂府

古塞上曲　江南曲

箜篌引

古體操

人神暢操　猗蘭操

雉朝飛操　衛女操

漆室女操　淫雨操

殘栢操　旱操

幽孀操　猫噢操

明鏡操　雙陸操

世書堂稿卷一目錄終

世書堂稿卷二目錄

詩

古歌行

村山探梅晚酌　憶亡友易三

起修僧　瑯琊行

掃塵　里役謠

秋十五夜　閏五月五日

霜頂菴　猛虎行

試屋　對方子

江上蘆　題降龍尊者

三言

題僧掩燈紙圈

世書堂稿卷二目錄終

世書堂稿卷三目錄

北行三首　秋九首

行歷

世書堂稿卷三月錄

世書堂稿卷一

南譙吳國縉玉林甫著

兄 國鼎玉鉉甫　國器玉質甫

弟 國對玉隨甫　國龍玉騧甫　同較

男 登民　前民　鉅民　章民　同輯

詩

古樂府擬

練時日

練時日展金藤揆玉策寘信貊神其格繽紛導穆清廟貢
衛葆羽林幬薰且掃神其詔颷飈發景曜敷萬節齊千仗
扶荷棟霽藻筵腴神其愉九蜺拂七萃逵開蕙帳降黼帷
縈光坻若徙倚神其止燃香茸爆膏叢饗脩充侑闋灑埶
玉恭晙昧恫遇空濛神其沖陳椒蘭薦臚膴修爪菹飾簋
簋飯淅雪羹調梅小爇勺大鼐鼒中厭愛神其載既醉飽
視巍高聽幽窅翼行微啓卯窌神其皎自今旖景福駢蝃
寖川鯨沉淵威儀全慶便便嶽漢堅禾黍闐周與旋吉之
詹

帝臨

帝臨瑩瑩神矚下睨吹槖萬方爻肓羣黎化行不貸令芮分提氣平七政庨淑三時山遡虹蝃土虛棘萸貫紅飛屑石皷臥韡同流上下一尉東西幽渫夜局重珥朝鑴祥符廣運麟趾裒蹄

太皡

太皡秉功萬籟欨愉黍谷開泰灰管回娛融風蒸散旭氣驐殊堅腹敞蟄脆甲拆痀祈年膺玉靖穀豐釃仁膏周浹蚡緼蠕紆

朱明

朱明當陽冀其德薰麥雨方滋蒲淋覃沄神母輟泣赤符
贊貢絃拂淡灾瞖齊調焄甘滌煩海澄徹驕氛萬物孕殖
靡不殷殷

西顥

西顥職垣彌濩利端隱約金氣厹飫膏尨千實風練萬子
霜團薄植厚穫瘠蕔環觀黃雲被囷白玉凝盤介我繁祉
隆禮秋官

北寘

北冥收紀役告轄車節次功退月御望紓陰收水溢祥毓

星虛沍函螾蚋海止鶩鶡碁繡翼畛肱胘眥閽何以饗之

夕陳椒糈

后皇

后皇職載廣墠克代河海涑幅嶽衡細傑霏曜上空騰澤

下隸鎮乎九泉屹乎四塞靜貞安敦俔天之配

日出入

日出入天重目浴若木棲昧谷當其出萬物煜當其入萬

物穆誨我作息嬗寒燠淋無土泯暘無地皴餧無昏剁無

釿赤霓白銔退萬巡天下仰之歌重輪

天門

天門啓貢蕃祉馮瑶軒降玉几電張閶日夾珥祥光垂甘露凝滌妖祲晛侏傀式臨下堙在乎一人倏喜倏嗔曾不啻乎諄諄厥惟爾百姓之噫呻格幽孚浩風雨乃旬弧矢不張蒺藜咸當元和磅塞飲物醇天子五載代其巡皇皇敬之仰北辰

景星

下爲石精兮上爲文結如輪兮噴如焚非五莖之蘊鬱兮

則九英之雯四海大昕是宜鼉以韶管揚以咸鼓

齋房

入門虔思升位屏晛風雨馮動日月堅儀享神儼咫瘞地

敬剺誠一乃格清淑紛瀰

聖人出

聖人出六旬服蚩角收豹尾伏丹鳳儀閣黃龍遠屋汗血

騧溶金佛大宛海南胥篚來和禮樂偃伐戮萬年景命于

爾僕

芳樹思

思芳樹嘉禎聚覆黃雲霏赤霧仙芝叢甘霖注上有五色龍盤虔下有精珀藏神兎思芳樹美無輟一朝氷剝胡霜洌本撥兮枝隨揭斧斤利其樵牛羊踐履濯濯雪再欲樹之精華竭芳樹折如塵屑

君馬黃

君馬黃服上襄海龍種育氣沆瀣煌煌明星映天房思無疆斯馬臧弗于田于谷白駒來祿于桑于禾被爾錦飼爾菽不剛不柔六轡優優

將進酒

將進酒洗觥斗吹笙舞翻羣嵩壽澤貂鑾恩如山無後艱

上之回

上之回龍六御霖洗塵風肅翳導蹕瀛宮寢居滌璹樓拱蓮峰獻晻釋賀竺曆薦山筵編海鑾芔極臨醴湧休無倦

臨高臺

臨高臺物昭回不伐鐘鼓魚翔鳶舞六合之內四封之外同吟哦無噫嘅汪波洽醇澤濊羣力是樹羣才是鑄臨高臺措之措之億萬足

鼓吹入朝曲

幽燕古忼烈勁邁枕戈戎盧龍霜北寨介鐵雨西風星瞰三晉首霧集兩河艟鞭索牽伊洛劒嘯倚崆峒颷駃烟輪壯雷奮地車攻營火連千月伐鼓塞三宮綽仗飛斿忽控弦落弋訌軍從一蓋轉馬多八尺駥鐃歌歸禡沓游盤抑何窮

採芝

匪人逕仙匪草逕聖茲鬱芬凝胎胚濺淨我與之俱以永紀命豈其今日醇龐熙慶乃促騁車投縛械紐以聞巢許鄙絕氏徑

昭君怨

有文彧彧界之荒鞠彼美人兮黃金爲築與五牛牧譬之里嬪以痛眉蹙而矧氷肌玉肉黃沙埋兮我不悲悲兮萬古無目

采菱詞

采菱采家菱家菱毋牽絆時向野菱拾野菱斗升半所恨濘淺塘曳裾濡下裳菱皮入口澀菱花開不香何如采蓮子雙雙蓮葉裏迎朶應手折飢救聊捘齒日暮扳村歸寘烟栖鷄扉隣女咸閒笑怪我首蓬飛垂月作浴搿侵晨貫

街戶彼剝菱與蓮寧知下塘苦

巫山高

巫山高雲之表虬蟠隱猿木眇我欲從之無青鳥彼美人兮胡不濟我以筏而援我以輪

枯魚過河泣

彼吹藻我偃菹彼舞蛟我飫蛆嗟嗟獨匪魚中有乾子投諸渠苟活一尾不畱虛

獨漉

獨漉其勞過于桔槔洒枯流竭海潰河穿而上淫下滔羸

馬困輜軿輛夾貓雀尾山翥鳳羽藩苞錣翮草苴俎肉惟
四尺之獒毀鐘破鏞食腥吃刀庭不懸璈友生舞翮瓦礫
嗚噌蔚殖莪蒢茂糞白莩日中腸楞求華吐膏舍笑而號
誰不痒搔壘塊斗噎洪波不能下淘春啁秋噫爲寫愁騷
知莫頑乎層霄將卧丘洞而沉淪于不涸之醪

折楊柳

宴起春遲曉青青出水淙寂枯三冬久榮華遽鬱葱折入
絲絲條新翠逼籬櫳氷囓玉闕馬雪斷鐵嶺鴻欲贈遠行
色惟我自飛蓬

步虛辭

靈英結兮歷的時閃爍兮神隱燚風雨驟兮蟄靂憤擊不在西麓之憑肝兮則在南昴之薄貫哀噫莫伸兮望草烟而晴濛法

山芝子詞

山不靈兮芝不產芝之產兮塵域限憶有人兮鑿石與煮松霧與醱悠悠兮樂飢我腸周愁兮願違何日與旋兮采采襭搴

烏生八九子

烏生八九子振衣呼啄黑集高樹裏陣鳴還陣起下有居人嗔聲惡揭竿揉丸時毛索老烏大翼小幕無教箇昏落八九子毛各燥東西能啄稻老烏稿飛不三尺下塵倒功名覙兒曹朱闕戉錦袍黃口叨叨刈草堂構新寸木屑鐵積瘁辛一日別門戶百年捐箕巾精殫血瀝皮深皴及伊爾孫子轉報恰如輪老烏老不離村咶咶似呼恩

豆娘子

豆娘子豆娘子翩躚爾自喜舞風迎忽折戲水低復起采采衣服文有斐小兒捉之以其口啣其尾愈啣愈縮身無

幾無幾不知痛羣上羣下猶飛弄爲口腹甘就殰是之以

巳啖巳肉彼醉飽就金木卒之不自哀而使他人哭

銅雀臺

赤蛇祚委三尺劍提譎諆狙智靡不羅厥罟罤風楚雨酸

袂泣袿啼酣舞縱娛不救黎泥

古塞上曲

塞列連雲屯日給鉅萬資玩乂藉有名十入九八私霜卧

僵愣腹珠串金玉卮建纛赫赫將暮夜拜覲兒獲焉躁内

賊戒止人馬嘶彼飽自颺去飛書請功時不說能躡後可

說善完師

江南曲

嫋嫋四尺軀千金不足妝閒居愛淡雅但梳花露香此香餅寸許白銀論兩當梳罷日下晡對鏡轉徬徨

箜篌引

削之琅琅擊之瑲瑲我招子赴鶴儀鸞翔

古體操

人神暢操

肅冰惕兮藹英虔越將兮隲明明台德孤側兮不救矢三

辰麗兮九墳憂允伏而申噂乃賜重惲乃誕殷景乾乾旦
臨敢退複兮基命宻䏚

猗蘭操

厥蘭是生有美斯土濈芬蜚澤翼樹文武不由以房而委
諸窳轍勞敝席入率兕虎嘆彼茁族嚙吟蟪蛄俾東洙淇
胥我西鹵

雉朝飛操

雉朝飛兮驛驛吪同丘寢同窔一粟翃翃不失挬我獨何
兮孤鳴孤息時暮兮滌滌誰與適兮影歛

衛女操

嗟嗟不辰兮我命適丁不獲翱翔兮顧鎩羽以綳彼益侈兮我怦怦嗟乎一日飢停兮誰謂予硜

漆室女操

猗與舉國之油油大人與醉小人與疇使我兮腸瑟而繩緑不我藥石而我謳奚取乎旦夕之是偷人賤如蜉

淫雨操

天之漏兮瀰瀰水之漸兮泥以益泥匪霖自天兮而匹夫匹婦之涕

殘栢操 都寓有小栢一日爲剪拜寓言賦之

栢兮栢兮爾胡爲兮榦不充威葉不充蔽栢兮胡不爲廣野之蕨薇

旱操 都邸聞故鄉旱而作

雨暘之淆亦孔之㤢燕壤壑澇淮墳火集謂天葢高胡不聞乎呶呶胡不見乎嗷嗷

幽嬬操

嗟鳳飛兮獨留凰貽有雛兮鳳與將朝夕勤拂兮徬徨百鳥啁嘲兮不以雛王將與雛狥兮無寧鳳亡愛此羽苞兮

將嗣音以皇皇

猫與操

猫兮逐兮毋與屋上畜爾貪爾子兮爾不知瀆

明鏡操

瑩瑩明鏡遇物形贈無好無惡妍媸匪佞即或鄙汝歸乎命應豈私開閉而咎以逕庭

雙陸操

彼兩兩兮舟翼擢槳疇自立而不仆疇孤行而不攘譬之毛介兮鱗夾羽雙疇則高位巖巖兮獨樹厚享

於忽操二首

於忽乎事不以我爲徒而强爲之奴於忽乎我以爲途人以爲廬途可由也廬不可投也於忽乎我亦無慣人亦無誶則亦安往而瘉

於忽乎事不以我爲兄而强爲之伴於忽乎我以爲壘人以爲瑛壘可廵也瑛不可輪也於忽乎我亦無衙人亦無眴則亦安往而悁

古體歌行

鴝歌

爾爪矍矍爾呼嗃嗃爾月一卵十卵而爾羣碏碏朝[illegible]
夕糯幕育爾衍爾祝爾羽滿肉豐而俎百以侑客嚼

去廬歌

葺我廬恐弗堅闖焉入門門閉三入匝旋甑我箸我衣裳
我笥我匱我毋或先盜我箕 一解 汝何人斯栖栖我宇汝
誠我婢廝給汝隙尚日力貰否則錢貰 二解 明告汝非汝
土帝寢侯田胥易古皇恩大不汝孥他徙不汝拒 三解 汝
啜啜誠當怒怒汝非聾非瞽千里堵我一堵主我即办汝
無官府 四解

子夜四時歌 原統四時令聊離月賦之

荇暖偎新魚啜水游溶溶纖指剔清波婉轉葉下從

誰謂春酒濃春氣濃過酒把酒尚未沾懨懨只近酉

莫上鞦韆架架高望南浦水綠草萋萋王孫來歌舞

雪水瀹新茶茶傾茶梗樹含梗嚼千廻戲儂非一度

朝夕此團扇輕白未半兩偏覺力倦持落地偃如掌

不愛艷荷花愛此荷下鴨日穿荷莖游夜傍荷葉狎

瓜熟子紅白沉井冷過鐵儂却憚多嘗嘗不解中熱

孤月纖纖斜羣星朗朗貫開窗就簟枕獨蒙清光薦

金風薦微颯合衣且莫理去年雙折收理時難提起

雁羣棲莽沙霜肅天高聆獨怪廵鳴者攪予直達曉

臘入更聲長銀炬偕更乆非是貪繡功衾寒慵近手

濯濯庭前竹偏向雪中青儂怕雙黛皺莫折入梅瓶

遠望歌 都門聞仲弟發南乆不至

雨乎水乎潦倒于間者弟乎

思歸歌

簫洞瀑雷兮銅源湛雰猿嘯石寺之窟兮魚沫釣臺之濆

瓜李薦兮苣芹朱虎遁兮赤龍免焚將與之兮餐夜卧昕

鷄鳴歌

萬戶分曙聲騰沸勞人宵逐市利乞披衣馬上呵叱來却亦貌蹇躬盤鬱竊聞山中午啼寂況復南窗未三尺

拊缶歌

原田勻勻麋鹿塲之耕夫劬劬官吏爲奴有缶可鼓與君且舞

款乃歌

新雨漲兮潮急來款乃載大水浮面寸兮風回款乃櫓下槳下齊用力兮款乃一人弗力兮鮑船先款乃急到岸兮

儂今日酒未口瀝沾款乃黑暗兮恐拍彼官船款乃

蒲鞭歌

青青側生兮九節不爲楪兮不爲策御民如士兮不庭之國可善格

古八蠻歌

崒嵂登繆絕淩夷適跛躄昫昫原隰前浸濟落深漯汪洋千頃激積土堞與塿熮流縣中空氷雹驟凜洌桃李芳芬縈諸且泥汙蟣貴人下車馬奴隸相繼紈妁妁驕髻髦扶杖羞食噎流水漂忽西飛雲朋忽子倏忽所弗知而烏以

形設

薤露歌

薤上露晞不步嗟朝蜉胡晚窘芳名追美景泝綺闥笙房走雉兎抑有死不死源與清山與固造化無新故其誰妒

蒿里歌

蒿里草萋萋高低塋宇鐫莫道此抔土子上父父上祖便是長壽老難與說今古

隴頭歌

朝望隴頭如雲暮望隴頭如焚匪焚斯耘焚我筋　朝望

隴頭如蒺暮望隴頭如粟匪粟斯挃粟我鎰

古綏聲歌

海外山從有雀名孔翺翔乎天中何人愛厥華屏執諸籠雀顧翮毛弗若東伯勞文錦叙我籠使曷我逃籠使惋惜破竹截緜揚去乘風颺雀復下三繞咤爲使謝脫我畢生囚我得由蜘珠不足酬

彈歌

弦鳴皿雨高如何取

鄉雲歌

山鬱澤蒸彿忽囷輪氤氳之門自牖輀

穗歌

穗兮穗兮胡爾騈爾觭胡田不犂胡人不胼胝胡風雨時

胡爲乎風雨時

飯牛歌

山崎蹪草蘖稗朝牧夕牧牛餽餚潤渴抔飲困藉地晛背

降吪隮平至風爆霜剝將何遂主人羣兒雷同委 一折 冬

雪瘃暑淋瀑乘牛飯牛牲厭毦牛毻箠我肥我犒我有至

道誰與告三耕三耨節腨腓此道飯人天下肥 二折 赤騂

黃犢爾毛別被以文錦登廟闑胡爲乎虁龍老田畯衣牛鼻卧牛櫪牛我同羇紲嗚呼望賢喆苟有纁幣兮訪巖穴汲井渫牛口之下枉車轍

黃鴞歌

熠熠黃頷毛衣如毯我飛則颺我集則坎營啄誰與啖營巢誰與攬東枝匝驚西枝繞攖羣嗚聒聒不與我和鳴我則獨悸悸

五噫歌

生非錦里兮噫望閶闔翹首兮噫歲月逝兮噫近天衢兮

噫馬復虺隤兮噫

企喻歌

顧彼朱輪煥出門何亢壯委折上羊腸徒乎悲沮喪
道大坦坦通荆棘生蒙茸豈無銍鐮捄力弱不能攻
狡犬下坡坂跳踔鮮忌顧霜落草木枯雉兎遯且怖
男兒患錯節輒爲它人扼擊伏黄鵠飛厲風鎩其翮

銅雀妓

微飆脩蛾神悸魄觫行與馬牛弄追絲肉

自君之出矣

自君之出矣誰與我同語我有金石言無從逓君耳

自君之出矣誰與我同食我有琅玕實無從陳君匕

自君之出矣誰與我同起我有氷雪絃無從拂君几

自君之出矣誰與我同處我有錦繡叢無從挽君侶

故鄉鳴

萬莫輕鄉故鄉故不我富萬莫易交新交新不我貧 一折

不我富不妒謂我守廉素不我貧不憐謂我饒金錢 二折

故豈人人厚肝膽平相受新豈人人涼慧術競各長 三折

不以鄉故窮不急趨新公不以交新恩不急出故村 四折

僕僕故亦新白髮意氣親落落新亦故華胄風塵妒　五折

故人似白水白水澹無比新人似春花春花艷可誇　六折

長干行

郊行古道周車馬踏紛稠是征皆離別搖搖茲獨愁終恨

分手易叮嚀百未至情到竟忘言心期諒如意豈謂萬縷

腸但掛氷雪字桃李花已零復見蒲芰青團扇三易手宵

尸度流螢百年原半配半配仍輕背妾爲君婦時不敢齒

兒妹相從將廿載嘗結十載佩如影弔煢煢風雨徒晦昧

自矢金印回下馬壯事灰憔悴人垂老莫能燿鏡臺君卽

割妾愛妾恐君顏推古來梁孟配豈盡願不才

下士行

古人重遨遊健翮試溟瀚浩胸瓊霄塞上帝刻青案風塵曳履高入門少素贊意氣王公前主人初聽亂珠玉唾盈斗久之太河漢藉紙揮翥毫持贈果終看席對神不留他顧忽三嘆王孫豈乞哀能背具一粲

董逃行

宵爾涉巫跋嶮陷迂頂突趾磨血漉骸癯心悸妖扦魂怯鬼揄逡巡躐躃翹首雲腴瞀望紫虛一解紫虛之府光艷

波瀾閃爍睛九前旄後蓋雨髻霞鬟浣雪繭以降暑嗽鳥
金以避寒璇盤銷帨蜆蜿軀環方爾舞錦翩珊歌玉激湍
而何苦乎楚酸　二解　嗟嗟楚酸吟呻告爾有因與爾締本
婭姻葛藟依樛蔦蘿庇根廣鈞大造及乎嚼咽以暨齕吞
何不可內諸門況斑斑以潮痕　三解　爾乃張目直視狼咳
虎言謂爾畜獎辱蠖瑣蚊拾芬肆腹濡汁郭燔妄欲炙乎
五龍沐乎九鯤則亦無存　四解　夫不我存幽石洄胥胡取
乎宋哀楚蒐飯蔬糗蕵擁褸解袢與草本昆與水烱躋形
晉江蛾湝心隨天馬轅

上畬田行

仙麟之脯不如山之膴仙鳳之濡不如山之凮俾我流連山外便便否則胡爲乎朝于田而夕于田

貞女行

[illegible]溼是績沼芷是佩茹馨沐膏孤鄙等輩豈期屆告不我歸妹氷妁爲仇禮嬪用慧往示婉孌奈貽詬誶載藏之幽載樹之背爾不我君我豈爾倅雪濯芳楣雲封貞闈我躬其子我面其[illegible]

猛虎行

嗟乎人齧人不幸命虎猛非人齧人尤不幸命虎尤猛猛莫如虎虎莫如王寃哉山有虎藜藿腐不齧人人股栗嗟彼無薪楞腹苦

對酒行

蓬海幾安期松丘幾張子不能學長生且學快哉死大藥誰駐顏老骨難兒齒今年買華堂明年瘞蒿里紅袖愛莫助黃金積空喜對酒停歡卮識君尚幾時

識君尚幾時富貴始吾願好官騎一馬得饘飽一飯況復咄咄空直一先失萬真性賤糞沙眞樂易勞頓何如傾一

尊渾忘千番悶對飲口不承復恐飲不能

長歌行

人生甫二十朝氣勃騰敲桃李春風榮無言競妖嬈台

旦夕據往恃春秋饒及乎三十時意氣倍奢驕萬里搏雲

鵬一枝豈屑鷦蘁塊甘茹淡裘敝骨蕭蕭凍雨凄霜飛名

腸炙人燒精華耗費極頓減風鑑色白面承不朱青絲將

絕累年去學從之垂失轉羞得隸也實不力亦不造物德

況守老古經禁言枉尺直字人未謁姑伐檀終家食我本

耕織奴仍伴奴耕織坐思五十年入夜寐反側

短歌行

去日古稀七來日花甲一經營心血窮霜霰擢華質韜鎖怪久羇善策脫之去脫之去冉冉容光面若儼春日眺家山冬雪書屏掩開默知機要歸全其莫忝

秋胡行

纖纖掇柔桑婦功職衣裳温以服君子燠以奉姑嫜豈若游冶女攬恣行春色况彼江漢俗秣馬亦不得入理闔至情至情不容二威武無能爲金帛徒兒戲敝帚自有箕旡罇合草箸唱隨天地分琴瑟絃無惡白首尚無移豈忍紅

紅顏瀆撫心解悅時何以光顏目

滿歌行

丈夫有奇嘆天壤同浩浩磧石爲朽長日爲老稚折豫虞朝菌夕藻險彼康莊夷于溟島憂從中來不鳴不平攫[illegible]緒于毛髮刮隱瘵于膏肓而若鬼爲之伻而若仇爲之倫闔戶星閉曦輪晝晻乍微隙炳倏瞥光覩昏昏沕沕投軏爍閃良朋義昆與憐垂恤顏貌㦧怛智慮啾慨輾轉反側求之不得豈無轉蓬百年如寄載飲載吟斯世永避恩罔所顴怨罔所詈悠悠蜉蝣甘視草木與爲棄寘凜冽之氣

肅殺之威又丁其時天地局霜雪滋山川緜渺道路逴馳退而曰歸曰歸寶拙養娩又奚其辭

前有尊酒行

前有尊酒我勸君進美景甚慳韶華甚迅安爲病困壯爲死信白日不親黃泉奚認無錢莫貪有錢休吝人亦常有言富貴不可忽弩力赴功名毋甘草木歇財貨殖封囊感靈赫秉鉞諫之雨露滋犯之雷霆勃我還爲君籌致此亦云倖位高謫攖權重憂懍將軍汗馬勞丞相鳴鷄警一事失機嗔其誤一言失旨悔其嬰安得優游日與酣酌朝有

朝飲盡暮有暮飲休君有惟我盞我有惟君旣以慰百窮以消萬憂但取逢花紅滿面何妨對鏡白盈頭今日有君酒且待他日有酒君安在

世書堂稿卷一終

世書堂稿卷二

南譙吳國縉玉林甫著　壻張芝秀眉紫甫較

詩

古歌行

齒痛歌

華髮變兮報以蒼齒近疎兮痛爲殃膂力兮弗張歲月兮不再將金臺兮一方老河干兮茫茫俟伊人以相從兮其在水之央

閔旱歌

臘不雪兮蝗蝻掩蟄不雷啓兮土斂郊原水涸兮火熠青青秧昨日青青今枯鎗餬口護斯毋粒兮未稺而殤乃顧四隴兮詫耒牟之速黃中無肉兮甲張春赤兮夏屠腹枵兮細腸憶去正一月之無米兮道有卧僵如此之滌滌高下乎心憂且傷民之不穀兮豈其無良

睡歌

兩處仙鄉醉和睡睡鄉風景誠無譬耳尖眼縫喜朦朧指節脚跟愛幽邃天地兩圍納半床日月雙輪收一被不酬不應不把精神費不計不謀不把心思累往亦無侮來亦

無媚得亦無榮失亦無媿杜乎萬發之機解乎四軼之纏
恣肆乎莫枸之棺逍遥乎不勞之位神定體尊寬清恩遂
此係處世之上祥更爲浮生之秘瑞

莫逐烏歌

莫逐烏莫逐烏烏亦與爾同毛羽江樹鬱森江水長寄分
一枝何翺翔去巢不爾寬同巢不爾妨獨不見鳩之拙也
居鵲房

荷花調

大葉小葉團團青弄影婆娑向月明一枝兩枝粉臉出翹

風浥露冷且清問誰樹之草堂北頭禿腹秀衣緇黑寢斯食斯咏酌斯便是西方優曇國羈縻客風塵人倚玉骨曬氷神折而嗅之生香唾捲而飲之逗芳津獨惜人來花未開更惜花開人將去人花安得永不離六郎夜夜同狎據

奇雲歌

却是一座山巑岏峭突聳其間却是一座城層樓迭嶄列分明却是一座船千人旗鼓百人牽潮波騰沸半中天陽景迸矚散邪下別有遊鋒攢四駕踏塊過都羣錦疋馳疾飛奔離合乍倏忽之間眼角惹壘客文士不能寫一杯未

乾干變者

秋旱嘆

蕎花隻落菜葉黃廿日無雨路塵揚二麥誤種意徬徨望頭苦折耙齒傷今冬不下地來春又絕根三年未果一日腸

七歌

山中孫室入墓前告以所生登見病故不能成聲勉爲七歌以寫深慟

車尖山背十里許葬爾亡人白骨所經年勞勞未近汝傷

心今日向汝語欲語難語語爲誰汝生一兒一命擲地下
娘兒兩依隨生者不見寧不悲嗚呼一歌兮歌思來萋萋
霜草伴孤骸
哀哀兒背母五歲提掇人襁苦啞謎病魔相侵形神弊呻
吟叫母黃泉閉可憐母死兒不知兒亡母後復何詞終天
未報恨遲遲母已死別父生離嗚呼二歌兮歌方長渺渺
游覓天一方
弔爾兵戈不及見攜兒四海風波漩歸來勤勗百餘卷舌
突唇穿磨筆硯上年游泮拾芹芬前年南國盼秋雲次次

卹衷告母墳于今塚各東西分嗚呼三歌兮歌悽惻兒厝荒庄母河側

往冬汝葬屆殘年天寒地裂雪如拳弱兒執紼繞棺前我父憐兒淚汝漣比春刻石樹碑桌桃花水漲盈溪壑泥衣土裳躬營度淋漓爲母雨中作嗚呼四歌兮歌喉監母墳猶在誰兒拜

廿六年來廿六苦一病終年苦無數母死父代毋爲主藥餌起居勤摩撫展轉不復脫沉疴無方延治少醫陀瞑目斷氣纔頃俄母竟在傍哭也麼嗚呼五歌兮歌聲吞呼天

欲問天無門

有媳有媳守空房孤燈寂夜影徬徨青年長別少下塲夢

裏尋言路茲茲抱子遺孑歲始週養到成人穿兩畔生爻

堂前神主留祖母山中土一抔嗚呼六歌兮歌慘傷孀啼

孩哭斷人腸

嗣汝笥梁如汝弟昔日親向汝墳祭爲汝餔乳勞瑣細兒

亡替母傷空系猶恐煢煢訓養艱一兒兩母譏語問安得

兒起撫伊兒骨肉團圞母子間嗚呼七歌兮歌轉憂寸心

如結何時休

插苗鼓

插苗鼓插苗鼓鼕鼕水底沸蒸釜唱前似牽舟殿後如催弩汗溼風乾狎曝午膂力年少猛過虎千捶萬捶不勝數南畝穗千堆西倉粟百堵薦馨釀熟樂田主瘁形槁面艮自苦

石隕

歸德城中隕星晃秤試一斤十二兩碎光一點注人屋上人見之心自駭直指上告朝中知遇變修省故側持或謂飛曜墮宿尋常事六鷁爰居古類記獨不聞三光平七政

齊珠聯璧合何排擠

贈別楊守君

峯如螺泉如雪使君征討何其拙一聲唱出四驪歌萬手扳從五馬轍

怨歌

顲之錮巳在鎖膏之殭巳在輠轡右而僻左趨駃而疾跛利川惟颷隘道惟砢有萬斯鄹無一爲可伊誰懟兮惟天杌我

河干行二首

河干行躊且躕欲何之之上都客冬伴飢鶩今日傍勞烏
飄蓬四海汜梗五湖水沫侵衾褥霜鋒厲首顱問君胡爲
乎如此苦支吾
河干行窮且孤欲何之之上都上都此日重門綏署被貂
豹擁氍毹氈車錦幅出入俱何事伶仃來寒儒問君胡爲
乎眈彼踔捉而佹此髮膚

豐嶺篇爲滁上張公望五十

巍然豐嶺森鬱窈幽上有百仞之喬木下有百尋之靈湫
中有隱丈夫兮叟履飄裾而遨遊今百齡之半方七月之

秋胎羲皇而大樸契靈均以真修宅心曰虛宅身曰汞介
素淡以何擇四海之大同衣合裘堂之上樂白髮兮淺淺
堂之下左篪右塤而無相尤有畝近廓有園連疇時策蹇
而玩花飛亦坐石而送泉流雖生業之經營實居里之愉
依若其絲竹鳴怡素位宰相詩書食澤儲號公矦不視乎
造物之誕育視乎膝下七才之衰非昴宿之星精則娙宅
之天球方將疊簪重袚以承帝眷以迓穹庥于焉矢此蕪
詞用侑華爵而又奚百福之不爾遒

敝輿行爲予與劉止菴同賦

敵與散慧犀江夏蒼波淼氣應不暇惆哉艮田不逢年[illegible]
不上兮雨不下黃塵飈蒙五都迷昨日識熟今日訝霜雪
十年白首新道路一朝青眼乍蕭寺椅香美人投渴腸穢
腑頓氷濡所惜行歌亦誤之紅紗竟落風塵嫁牽衣搔首
松間月松月向我與君謝尼聖當年代跡檀穆生醴酒終
報罷高陽老祖慣辱人是以禰狂裸體咤金焦江上濤聲
奇瑯嶺寺西山陰亞乘霞飡露訪空緣翱翔乎容與豈獨
不可以稅駕

殘菊歌

一年一度秋花開紫白黃紅遍砌臺主人一月不家回家回看花安在哉幸有殘苞抱晚胎三枝兩朶重徘徊盍呼斗酒爲花陪一杯一杯又一杯請君對花勿草草花不嗔人人自惱今年花比去年早今年人比去年老花到明年花益好人到明年人益槁就使年年花供人未必年年值花辰家貧出入蠅頭逐田薄西東馬足巡安得花開人又閒朝不把今暮亦扳枝枝枝朶朶豔斑斑直教花如樹酒如海人如山

應我凝姪索字

年來轟轟羽書飛龍戰于郊人無歸安靜廬墓此一方況復淳龐省是非汝不聞山東之人其爲魚山西之民其爲鬼安居片晷禍不菲堂開把酒意亹亹濃雲湛雨同篤棐山肴豈必鹿與熊園核豈必榛與椎但須剪韭與烹芹三飯兩博殷與勤春草如膏遍野墳再起白骨總無聞

長歌爲黃明卿六十

世界顛飜傀儡場人生局促蜉蝣穴嬉歡覓得秪沙摶況復事事多肘掣學海書山耗髮絲玄關幻械壞心訣假饒功名唾手成轉惹勢力寃聲結開眼兒女艷朝花暝目田

房堆春雪不若總付命與時水到渠成聽一切春玩春草
青冬賞冬爐熱老少具芳思陰晴皆令節有主燭共遊無
朋杖自孝百年三萬六千零六十如君大半閱生涯惟有
傾醽醁用我長歌祝哽噎

獵者行

巍巍南山朝蔚薈中多噬掔羣狻猶咆哮爲虎攫爲狼慣
啖山下豕牛羊摘母牽兒碎肝腸毛風血雨呌慘傷一朝
獵人振弓箙下令大搜穴壙麓草木焚藉盡砍戮肆伐猛
虓償魚肉垂涎眈眈禁肥口厲牙銛爪不敢吼鼠洞喘息

伺脫走怎如人家小豬狗告爾休竄驚獵人多慈情自從
前年戒殺青不忍刀鋸血惇惇奉天四時一蒐狩大庖不
御野掌味聽爾恣飲與饔飧豐草長林大荒囿

雜體長短句

雨中對似可姪

淋漓陣陣傾蝸室夕景朝暉搏黑漆東隣輒解衣西舍旋
促席長者賀康寧少者逼慰藉當乎酒漸酣醉者羣屛迹
于呼主人整再歡且拉行者去莫疾左擎甌右染筆拈題
發清氣燃燭當白日人生須信不久堅雪爲肌骨氷爲質

今日燈前費躊躕他年塚上勞啾唧猶恐世絆牛馬忙那得消閒樂今夕

山村

巖在屋之巔樹在窗之前榻在林之下爐在泉之邊人生得此是幽緣穰穰隹禾萃冉冉秀木皎皎明月照踈踈淸風吹人生值此是良期莫謂山無菓梨棗生自夥莫謂山無蔬豆茄味自如莫謂山無友樵牧耕桑亦稱叟竹杖芒鞋無拘體談風敘月免繁禮草廳一覺夢情憨濁酒三杯狂興啓

麪夫

三更猶聒聒五更隨蹴蹴如此日日復年年晝敲夜打何碌碌倦來眼閉醒是眠唱出心酸笑是哭怎似閒禪并散僧一盂粗飯一衲幅脚踏雲山遇景遊口念彌陀隨住熟雖無大富與尊名不將形德博神變

春陰

六十春光得十看九日泥途一日乾孤客孤村困孤山點點滴滴淚痕般不惜春光度但憐桃李樹桃李無常姿風雨焉禁妒昨日枝頭今流水流水一去花唯唯惜花護花

還問花人生那得不如爾轉眼春光輒消索風雨時時來寂莫正恐風雨不催花催到愁人頭夜白

村山探梅晚酌

春庄怪寂寞未晚遽拈杯芽堦嫌局促提壺山上來踏草盤雙膝倚石支開題寒林片月出孤樹一花開呼童折一枝插向青莓苔馥馥生幽香亭亭矯獨栽我爲顧之增徘徊上有照我月下有對我梅一酌一歌逸興陪浩水谿邊白瀲灔遠峰江上青崔嵬浮生半百年仍幾世事千迴夢遥猜君不見無名荒塚亂山堆

憶亡友易三

惟昔鬈華濯春柳古殿清泉聯臂肘我年廿已三子齒十七有課日嘗攻鐵硯文背人亦酌鎖窻酒私心磨礪風雨從豈期越寇罹毒鋒玉肢蘭腹霜枯折繡口錦心血糊封斷送英才十分玅遺書漬淚悲同調至今寺徑野花開英蒐夜伴凄猿叫

起修僧

少年行者沉且沕不追秘客翻詰詘日日樓頭侍諸佛易水添香勤揆拂經營脫慮苦咿唔甕心鬱請君細點紅塵

人老死名韁與利縛

瑯琊行

城居日日盼瑯琊雨間風暇徒咨嗟今日乘驢踏深處綠陰冉冉叢萬樹樹蹲窗之前屋踞樹之巔凭欄下無地扳枝上無天幾處石乳流清髓幾處巉巖鐫古篇古篇剝落氷霜痕清髓湛冽堪手掬獨憐古殿荊蒿卧香烬鼠竄日黄昏泥土湮埋舊木主笙歌簇擁新遊人遊人車馬都且郁意氣誇張矜豪僕不識此山閱歷多一霎凋榮等草木

掃塵

所可掃者梁上之塵其日去也能新不可掃者心上之塵其日來也有因已往之事未卸甲將來之事漸堆薪叢縛乎七尺之體促煎乎一息之身一年三百六十長添上一月倍人忙逐年盤算不得了鬭滿只有頭上霜種種都在寸腔裏消方除法提不起及今願得一掃清醉來盡付東流水

里後謡

前秋去秋苗成草今夏復焦稿磨稗舂粃終日不飽官徵急星火日望上司赦我昨日上司黃榜掛街前赦得去年

與前年前年去年欠下不在民間今年民間十欠五許將去年少徵補却在官府前年去年乾沒多蒙朝廷赦他福在他汝百姓難望此十日三比肉飛血流水汝百姓何刁望赦到你罪該死

秋十五夜

何時無明月幾向杯中扳何處無明月安得對空山山空月益皎酒清月益明浩浩田間白一片蕩晶瑩左列板右列酒板敲歌隨口酒斟杯隨手人生碌碌真蜉蝣萬物于我一何有惟與青山白首期嘗邀明月芳樽守

閏五月五日

前月朝雲搏暮雨轉終日晝光渾莫辨是月重把蒲觴餞冷颯滿吹樹樹寒沉霾壓捲山山倦停斟罷舞所不競獨惜妻苦傷苗性前箇五月方及時後箇五月盍當令嗟嗟靈臺作曆手胡不冬底三月剩汉足稻粱臘餘辰掩戶圍爐修家慶

霜頂嘆

頂如燎憑君笑一夜秋陰君轉弔聞君有酒何去口韶光迅速誠電走請看陌上竹昔日青青今匝帚便是蜀附和

遼參焉有大藥售黃金人稱曉我稱翁拍歌傾盞狎雙紅
聽我霜頂嘆且教雪鬓訌朱門華轂驕易脆白石蒼松老
轉雄

猛虎行

巍彼南山草木薈蔚含靈吸膏爲族孔費璝委弱翎祥苞
秀翡翳有甲蟲咆哮悚畏腸妒腹枵饞涎爽胃不恩同禀
天地之胎共毓山川之質此暴而囂彼懦而慄攖之犯其
大凶避之防其餘疾嗟夫單戶之兒寒姓之子依父而誕
他鄉傷親而栖別里拱木在墳連炊在市抗之不使出頭

地抑之不使齒歷屨毋惟作奇威奇福而高門戶豈誠驅
異服異言而護桑梓

試屋

枕驚寐乜窺哧曉迂瞻口爽謂鞭慮渺束心小情慘淡意
幽窈猛搏虎雄穿石天閶開地穴闢一字敲腸爲結一句
琢鬚爲折務使神眞輸吻逼肖傳之坊肆萬口咸甘貴于
膾炙之殆掛之國門千金不易嚴于山河之詔

對方子

勞日多安日少隨宦客沒昏曉大力豈不均前緣應未了

我覩子何異此既嘆岵復嗟屺童僕作昆儔伯叔充考妣世事騰湧等海潮人生榮發同春蕤年華分老壯造物有成毀積小累錙銖惜微起升斛慇懃掘得淘金盆崢嶸創豎連雲屋

江上蘆

白沙洲黃泥蕩桃花雨淫菖葉水放芃芃鬱鬱千江上江南江北遍嶼汀舊蘆花飛新蘆生乘潮擁翠障浥露展青姘不禁霜雪臨寒朔再望江干盡濯濯

題降龍尊者

上有松下有石一箇老陀鬚髯碧却將囫圇徑寸盂納進
江湖淚千尺婉折弄之如蜥蜴須知此龍不是水中龍就
是汝心爪牙蟄

三言

題僧掩燈紙圈

白若雪團如月須開闔還拔檗

大風行泝野

行路難百僅十夜驟驚風陡急海嘯洶山崩岌樹羣吼草
暗泣馬不前人難立腹四穿衣重襲寒冰澆冷汗濕眼愁

張口恐吸容憸淡神怏悒彼深居且晏息起興安寬夢習

我何為獨汲汲

四言

觀音閣後壁海上尊者二圖

岸濶千丈潮高萬重嬰兒跑馬孺子笞龍怒鱗是鋼巨鬣

隨封軒輪水碾殿閣泡衝羣祖戲斯將望而從 左

彼趺洪險若陟坦阿道鼓惟鼈法吹在螺鮫臣獻寶水族

呈魔步跟踔浪驢耳柂渦萬聖經游海永弗波 右

臺戲

架空爲樓搆虛爲屋驕子粧喬頑民聚族挑媳詎翁鞭兄
笞叔鬼神媵妾帝王臣僕老少換鬚男女變服乍死乍生
旋嘻旋哭善敗千塲成虧一蹴紙冕嵩呼木刀駢戮舌肖
禽鳥面扮牲畜人原虛花世更反覆鑒彼滔滔破斯碌碌
傀儡解頤侏儒捧腹匪用賞心聊當活目

插春栁

菀菀者栁繁衍厥齊箭矗條直截布溝溪三年能千一本
便萬根久益竪枝分愈蔓或慘則嗟毀巢覆族曾是性命
不如草木

貓兒窩雨中

風起蕭蕭雨淋霫霫船頭浪敲艙底水泣短棹搖漩踈檣穿濕蓬轉欹傾纜牽倒吸牧子斜蓑途人側笠河曲路迂行遲心急舟中坐者能不扼悒

題西來僧像

弭天張羅塞地區井何物頭陀猝朝猛省棕帚蒲珠蘿紋松梗六十輪迴三千俄頃我豨是因而心爲冷貌是空花像亦幻景生莫認形死寧顧影願以斯言爲西來請

暑寓都中

炎炎高暘入我廡房蒸薰火烈侵我幃床氷胡能淩扇胡
能颺輿言他出懼弗克當乃有華裾翩翩簇新馬首西東
畤并昏辰樂疲甘辛與褻爲親曰胡不已謂之恭人我情
可侮毋戕世䪊言不擇下儀不擇遁積而裯厚天歡人契
廹其序遷走者長勢其足頓揚而口漸巨雖屬浹洽莫或
爾汝我敢自怨怨則當暑炎炎高暘拘我禁圄樂此小娛
蹈彼大沮霜征火流將誰與處

詩經體

惟日之夏水雨沅沅不可以寢與賦也 惟書室處蟏蠨翳生

惟澤惟濡暑濕是蒸賦也蠛蠓奚翳伊誰洒滌溼之是蒸誰溉誰澣賦也兀頹我髮一年弗握我疏我櫛豈曰無櫛誰實櫛者賦也　思舊侍也

惟日四章首章章三句二章三章章四句四章章五句

鴿之雛我則飼之我則覆翼之比也鴿之雛載飛載鳴集于我處啄于我袍袖放之不作比也鴿之雛一朝撇羽載咻載嗔我祝其無瘉豈伊爾逝比也爾音嘸嘸爾羽憔憔我思拂拭之隔我昏宵比也嗟嗟爾巢覆于蓬茅嗟嗟爾雖去彼東

道嗟爾胡作兮胡不再集我處胡不再啄我袍襪比也　慨
逝斯也
鴇雛五章首章章三句二三章章五句四章章四句
末章章七句
我行自野伊于何極朔風蕭斯冽冰且湜豈無道飡不可
以食賦也　我出自野伊于何出或潦或淤寒流濤濤豈無舍
築不可以室賦也　我行自野伊于何邊草靡周原兎嘯于晝
俾我心亟兮行益以後賦也　北征也
我行三章章六句

塗之水漸漸帷裳豈曰不歸畏無梁比也塗之水高者惟梁下者裳豈曰不歸畏不能以長往比也有思也

塗水二章首章三句二章四句

春曲五首

雨漲長河水吹紋散漪瀾遊冶年少子搴袖弄手洗釆釆羅綺裳紅白澄波底

融和好天日聚結豪華等盤藉青松下雙髻扶酩酊憑教接杯歡煖風吹不醒

花樣競時貴不惜金錢辦長帶曳衿間綠髮油香縮時妝

牙骨扇風前送一盼
絲竹弄新調更愛琵琶聽滾珠亂下絃十指撥不定隨風
過別席解佩四投贈
動言意氣勝笑語純熟滑莫道貲財艱揮霍傾囊撒誰獨
赫時勢公門十有八

烏棲曲

紅綾壁板白絹窗黃金匼匝室春藏烹羔噉酪伊何人擁
毳寧知雪壓塵
炭形鷄首爐形獸絳蠟高燒同赤晝重貂擁坐怪冬溫誰

能不前奉卮尊

闌干北斗垂城上寒光不入深裘帳半夜有人掃壁霜枯

枝葉落鐵鏽鐺

陽陽活活先南國却被陰寘轉令北凝脂酷裂冷氷帷燈

下無人玉筯垂

與儂歌

緝將五色線錦成紋五色裁服見新少新少擯諸棘

新少不儂御反眼陌上青豈其擅機杼在笥有零星

夙姤無再言遲遇儂千折却厭自媒者真心祇自熱

桂老或永朽蘭孤竟失芳儂非甘傲潔如此參與商
參商銀漢間實儂命不猶千秋百歲後儂恨一江流

世書堂稿卷二終

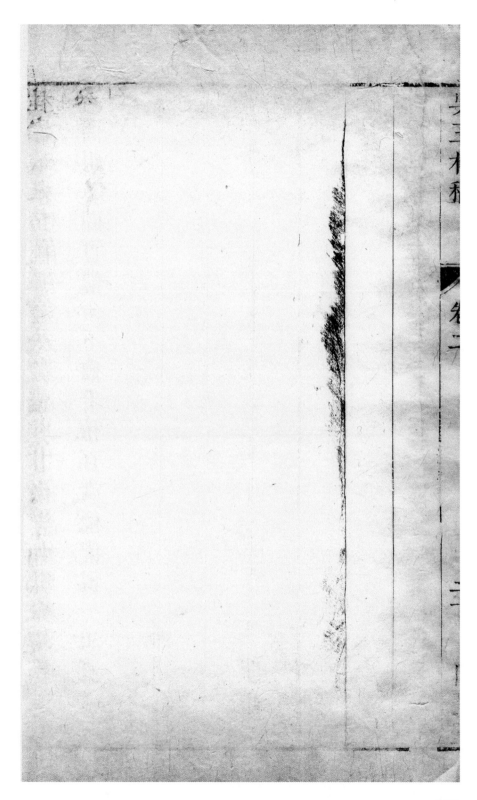

世書堂稿卷三

南譙吳國縉玉林甫著

兄　國鼎玉鉉甫　國器玉質甫

弟　國對玉隨甫　國龍玉騧甫　同較

男　登民　鉅民　前民　章民　同輯

詩　五言古

古體　雜詩

長晝高閣登清風淡氣氛鄉園千百里飄飄瞻流雲顧高
閭閻扃早狀變殊殷山田胥竈折下畝亦烟焚爲憂糊被
履倦酌不成醺

其二

道德不可贊姑與世爲緣堅白中自厲外豈拒薰羶貧賤
大史羞毋苦方柄員事業在各立古人耻獨賢所怪亟失
時迂拙生自天

其三

豈無握手交分門別方寸舉手招王孫慇懃且一飯勉樹

此骫髒貧遺妻孥怨經營忍辱勞一慮積至萬哀哉百年
少誠恐不久徤

其四

霄漢丈夫志豈服壤窩小樊籠緣索多威鳳同凡鳥卽苟
慕巷遇臨之殊揉矯周折等顛戲優禮加何渺奈此鬚眉
長力違心以藐

其五

希榮本始意中道忽緣左名成非盛年值時偏以頗彼羇
奔走吏上官輒瑣瑣百爾錢穀征多方如杌我翹首彤雲

邊不啻戒炙輠臨風勤招搖無乃導三裹

其六

古人眈山栖幽懷久獨矢華春敷草木依附不由已蕭瑟
東門徒芳藹愁蘧覩巖阿偃松栢凋洛拾若芷相與保餘
曆無復掛頰齒

其七

顃指層霄輝軔發朝雲堆山嶽搖峰動星辰落點裁中論
惟牙龔秘草直心開唾散奇成璧名蜚赫若雷睥睨藐伯
仲談笑戲兒孩一時攦指人俱言屈膝該衾影相暱狎肺

腑寧抵猜俯首滋豢養蒙莊取不才

其八

登第渝少年意興頗豪越謬推戶里右輕向官長謁風儀儼岱泰詞章傾溟渤言出輒屬耳四座無少忽俗衰體日替情澆交益滑窘婦誶于室窮鬼不出闕長此貧賤緣書空日咄咄磊落千秋期徒負鬚與髮人生非蠓蠛烏能竟腐沒驕語仁義羞太史所曾揭毋老蓬牖下擲此餘歲月

其九

虎豹徙巖穴技如鼯與鼴蛟龍雲霧去爪甲將汚涸細蟻

穿墉垣羣蠹蝕符券一朝時夏更舊德疇繾綣日樵山不童日汲泉以鍵結花爲譜友依鳥作歌勸山水花鳥中罄折從茲願

其十

黃河下滔滔白日升杲杲鮮葩夕以摧芳顏忽暗老尼丘官願甲柳下不隱道狎彼耳目娛懷我性命寶所以省悟人此中獨浩浩

其十一

人生無百年履蹈焉坦若榮筞鮮伎倆態變苦營庋迂跡

世率憎困楚徒自着既不甘栖寘亦莫奮飛作天地濶以遠踽踽將奚託

其十二

好爵古人縻悵言蹈高遠未俾屈小伸或令仰復偃勞思神不矜渝志天所損發多中不一從亟遇每晚豈敢故柄鑿隣于甘矛盾清夜無能寐如見嵇與阮

其十三

通塞齊萬化營道不殊心伯牙豈信死山水絕清音淒淒孤稿屬卜築林泉陰韶頹爲伏驥息渺若栖禽時一清風

御洒洒披塵襟聽之殊靡悅能堪鏤石金

其十四

羽肅長途久噫嘅從風嘯木瘦自凋先露重爲霜韶衝難
雁唳天鳴寒蛩壁竅睠彼義暘光不能垂夜照春風物向
欣樗櫟供薪燎悟此作息機胥解慶與弔

其十五

久客原難遣間居盖無賴人莫知我情攘攘苦神憊出門
屢車廻間關饒顧戒揮袂層梯縈抑搔手中瘃彷彿綽約
姿渺矣投簪髮滿匱黃金儲攫之箏吹芥一苦秋霜寒虛

郛遜萸稗豪華仙俗分凡滋希沆瀣顛倒造化然寧庸尤
與怪

其十六

百族莫蟲畢況復蝡與蠓生死微氣間顛播猶林總所茹
微涓沫營稌殊偬偬井蛙甕鷄屬猶覺寥空洞慧不格布
紋勇不穿針孔哀哉瑣屑流何日開懵懂

其十七

千年古青銅冶作菱花鏡除彼秋空月清輝誰與競求售
五都市錯愕皆倒柄妍者妒其皺嫫者惡其映怪哉照妖

奇不若潦水聖什襲歸匱守待發美人聘

其十八

偏是迂人出安行莫我直車騎怒以衝風雨來弗測掛刀大店門見之擯鼻息巷市掩炊烟畢日無火食人踏馬蹄深泥陷輿肩力黃葉隨風飛山雲多送黑官路率渟潦舒徐安能得日僅數里程千思塞胸臆靜言世途艱俯軾徒轉仄

其十九

巨室隨國移尤愼世芻豢雕巧物忌淫高明鬼所瞰韜藏

微弗謹誨鮮不自謾秦宮一夕灰漢儀千泡幻呵護百神
去何用一姓諫

其二十

培之百年艱剷之一旦易豈惟巖邑城高明寧堅值朝榮
或夕悴慶門弔且至拙者固傾仄巧者亦附累迨其顛孑
思中心何怏悒駑馬免疾馳息烏省折翅預遠不情歡應
無毛疵吹所以愛踵頂善辭人韁繮榮樂憂辱伏無但等
諸寄

陶體

冬野

淡日覆曠野騁目何所眺霜凋溪崖深木瘦山峯峭寒潭徹碧波藻荇紛緑照林梢踈葉懸搖曳風吹吽童稺曝茅簷羣以肩臂掉踈窗破壁閒颯颯刺毛竅宋悲其蕭瑟歐形以嘹哨浩浩叩穹旻掀髯發長嘯

田寓

未暇搆幽棲田居夙所願當其方春時景物生倍萬陽和地軸蘇枯甲日以褪草徑細蒙茸麥畦長衍曼熟隴飯牛肥暖水潛魚獻朝看山雲飛暮看山雲綣芹韭具芳鮮杖

履徐利徤禮法習慵疎日與耕樵勸壽夭尚虛舟貴賤寧
操券非敢故傲居性天率世遯洒洒此胸次沒齒無所悶

村寓

文羽伏嶠栖天衢飛抑妄遯思甘稼田作息亦多狀山色
供青紫霧氣攝盪漾鷄羣鳴樹杪牛隻散草壙鋤犁曉聲
聞烟火逼戶向野蓮浮塘中油蔴烘屋上時有粗供設呼
牧弄笛唱不識城市爲憧憧免惆悵

其二

屋背倚山脊少步眺矚盡豐蔚遍膏疇清冽橫塘引排門

翠古栢次列疏直縝閑花雜沓路逶迤交曲畛卧塊散磴畱飛松落子準陰敷樹幹繁雨漬濕香菌微風來蕩蕩停雲結輪軫遝神生曠達荒堧輟匆縈日與鹿豕游頹然樂動蠢

其三

慵習本天性況多世緣左智發輒齟齬步舉率坎坷所以周旋熟惟此蚩蚩夥好惡從不生烏至創險叵井臼老操作呼荅隨爾我日飧羹飯共夜闔忘鍵鎖直養混沌帝大道絶偏陂題里同逸民無可無不可

其四

久慣自安勞謀拙素所寧耕斂歲月疾開落草木靈但祝滿篝車八口免飄零村深胥吏絕申明空部亭太平大有書賞心俗事寘閒雲駐峰岫白水澄沙汀文法脫拘網交際率眞形濁醪時自酌林下看疏星

冬

歲事苦冬急兼值天道凛陽氣困不力朔風亢加凭豈盡沍陰驕人事拮据甚寂景增凄冽憂心成坎懔殘菊尚存芽亂雪恣衰瘦況復芳樽歇無緒續嘗飲

田間治水事

雨行山之巔瀑流繞山脚脚下石脊盤磷磷不能鑿以至湍趨發隣畝苦爲壑無巳購其田條列從中落吳越急舟謀務使同利樂荒春人無糧我敢辭力作

其二

水高勢建瓴傾湍如海倒堵以緩受法陂渠橫截道并裁硐塊去逶迤俱四到高下曲承承久之歸熟蹈苟有濬刋功應無鹵莽報師此自然智所謂因而導

其三

多蓄不在深多洩不在大毫髮旦夜流海谷爲之破蟻穴
穿禹隄智者不能佐怪其潛底淵驅除總無那築之務窮
源杵之務寸挫足踐懼力短牛蹄以千過

其四

大車水一石小車水八斗東皐引西渠連迨六七手匪其
督責勤豐凶歲歲有耐此牽挽勞渟滀可蓄久哀哉作苦
農原以身狥口

其五

田高拱兩岸水勢中疾下崇朝雨會盈乾涸不一夜邀之

爲我西捍門起亘壩左右開讓流狀如眠城跨當春憚百
工奚以備三夏

其六

愚夫視天時貪夫務廣地天時多蹈愆廣地亦鮮利官糧
歲額增丁男十存四加以牛種稀所穫費不啻惟以濬益
深旱潦皆能備山腰引遙泉田畔疏曲遂滙細成巨浸足
裨良農記

山中春日

我行芳春野概奉青陽詔煖木叢千芽和風吹萬竅山青

蘚帶蒙水赤桃顏照溪流瀉融雪鳥舌弄新調雲壑泉石間難于形容妙老此碧山栖不言復奚笑

建安體

北行

我行自朔東北風多瀟瀟飛鴻冲嚴霜天際聲嚦嘹曠野經百里白華蒿與蕭昏沉晝景短馬足困遄迢載飢還載渴旅館窗破樗輾轉誰與言永夜以及朝

其二

白髮悵凄風慘淡易我容少時不努力歲晩顧蘖中匪我

誠無貪觝牾不獲逞壯心難燼灰競逐驊騮駿大行羊腸路黃流萬汰滓一介誰與紹良璞失其工

其三

時哉丈夫期遘逢達九閶鸞鳳山隅側鳩鶉同翱翔白羽貫日精霜鋒刮劒光蹲跳虎獸咆道路見徬徨壘突凄以冷孔轍思故鄉衰木躋古廟敗草覆頹牆憂心誰與寫甘苦中自嘗

秋

朱明驕方伏倏爾扃零露金風漸肅威草木胥淪故濡沐

朝陌多咫尺濺足步晚禾愁寒青亟視秋陽度淹蹇晝光
渝鷄棲報速暮

其二

朝櫛必加冠不冠氣覺溧匪惟襲葛羅戸開風窮室沉吟
土壁間蟋蟀環唧唧溼礎潤床足衾襯生蕭瑟獨近溫卮
當家廪之斂秋

其三

閴處城隅宅園荒寂無狀兀首困陰長曦輪誰測量緬遠
睇南山突嵂迷背向艮會契濶久耿悰懷隱恙側聞年友

遷江峯望惆悵

其四

蓐收潛令司萬物形質易拳曲筍藍中而下籜惟積黄花耐晚榮桐葉苦霜至髮鬢倏忽蒼憔顇感同類酬應時詘左烏能擔百瘁

其五

西成望稻粱原畝率黄稿官徵急星火稗荑不可寶穫濟十二三輸納數繁浩禾耳生下壤束濕將潦倒失時汚泥中徒刈敗腐草

其六

力田艱逢歲勞尺不償寸蒸暑夏深酷涓滴無餘恨恒暘亢百日燒空望仙㬇淋漓秋復澇𨓜墟曉夜涸倚門看新粟懸釜不獲飯

其七

簫鼓應豐穩燈塔比戶列時變異繁華巷戶委四閉市稀鄉人跡幽隅戚哽噎肴果採陳艱盤盂率虛設剡念骨肉分歡戚腸各別時亡兒未久

其八

朝靉連夕靆心目多散晌頹卉荒臺砌慵作行吟戀友人
贈我書十函二百卷啓牖坐翻閱沉閣旋思倦寧非治平
謨睽隔從何衕時魯友贈書十函

其九

蜀葵根已刈苗萌旋太驟凡值競殘零露冷偏滋茂落子
畦隙生芃芃無先後榮瘁二氣循勞夭佚者壽願守造化
愚智巧敢攖搆

行歷

發和之南河誤入他道

臨岐戒莽涉聽誤在招招臨水膠長舵迷津漲斷橋雲低水面流波湧樹頭提淋傾穿紙蓋烟沉乏火刀何處尋栖泊葦荻傍漁篙可念風波惡江湖也未逃

甲申秋出蒸魚憶　先君丁卯攜赴南闈由白下溯此入歷陽

艤舟蒸魚口往事感凄其閱經十七載景物儼昨兹追我念四年　先君五一時羣俊比南國躬以不肖持誨甚嚴師切愛逾仁母孳昏曉計寒煖藥餌還相賚闈事周旋畢潦倒轉江涯乘帆溯上流風雨驟匪期長年且咋舌那不

爲嗟咨黃昏幸泊岸沽酒望波釃詰旦入和城重掃故齋
帷　先君留課館命我省家籬奄忽四載及一惆梁木衰
手澤宛斑如不復見鬚眉蒼蒼滿洲蘆搖曳迎霜姿江水
萬古流淚與江流澌

過祥符

我憫此遺墟劫運丁百六當其灌城時出入皆窮谷滾滾
內釜煎森森外刃簇道殣猶得尸法塲猶存肉兒女愴惶
間相視等觳觫至今風雨昏水底陰嘶哭河泊寧弗仁城
隍豈不祿毒流莫勝書罪始誰當服

抵涿

氷氣鬚頛刪沙風面紋刻弓劍夾道逢惴憂變顏色入門謁主人鬼刹與狐蜮餧嚚慣溺盆坐廳依溷厠苦醪咽何能土榻眠不得輾轉沉苦海脫離奚其克

渡河

九冬氷解流三春川濤汰沙軟徙瀼波岸鬱逐湍瀨白晝捲風吼黃雲彌天薆望洋惝怳中眇躬安聊賴斯須鑒我心淚靜縈如帶合眼泛仙槎牛斗瞬息會回首顛覆時振柁渾無奈裏足倘無前更絕蛟龍害

春山

春正巳旬餘郊野猶閒闃闇日結冽威細霧增颯致土起層凍酥氷結涸澗字春風挹未開誰與轉憔悴率勤薪蒸斧未理耕鋤簣一片蕭森景此心安放置何處清磬聲飄來空山寺

早發大栁驛

夜氣滋漾起行行苦盤繞羣峰雜嵐烟鬱氣浮飄渺雜沓輪蹄過入耳隱喧擾身墮烟霧城高低不能曉恍惚夢醒間但覺寒思悄

望橫山

我過橫山麓雲樹生嘅喟念昔先君子半生職師位千里
慕賓嘉厲修入山寺夜悄磬飄空木落霜滿地歲月秉堅
貞遇晚業自勵文章光被榮不美彼車驅及我愚不敏操
狹而獲易羈絆莫能休道經此者四未知稅駕所瞻岵徒
涕出迴塞遇不齊枯菀感則類

總鋪

烟火昔將千無端擁蜂甲生靈雨血飛堂厦灰一霎至今
村落荒瓦礫不能鋪井竈堙且闃行人暴囊篋追惟莫宇

初周之鄚與郟如何二百年見戲司馬法

栢鄉早發

下榻更漸闌啓門光一線街頭臨路岐白菸渾成片烟氣通沙漠寒搖星文戰村鷄隔壟遥田蟲夾耳徧羽扇和掄弓雜沓何從辨結隊潦倒隨認聲不認面

內丘望太行

隔山三千里曉看盡萬重巖光展雪面嵐氣入雲踪聳秀仙人嶺窮寃玉女峰峭焉臨下斷屈者向尊恭雄蹲一郡虎眠蜒百丈龍陰晴換殊色朝夕變微容木杪難爲辨烟

蘿必有封行行當軾拱未往已神從

荆隆口

我來從二月鍤畚肩萬摩新隄方壘土舊隄已潰波堅城拉朽梗高阜蕩深窩狂濤所冲擊慘寧詫霜戈無茅蔽風雨無土藾黍不稭稭哀鴻啼三冬其若何

陰發會亭

非雲望是雲有月尋無月氣寒侵薄衣露濡沾短髮遥聽噪呼聲村墅影恍惚哭如人道旁枯木撐榾柮雨勢瀟瀟遲凉靜得安發

宿郊

千里肥壤國周原盡鞠草自經兵燹餘地存人不保先時議屯政成績迄無考如彼王畿庄流民率殭倒移之處內地力能轉枯稿又如徙戍人計畝作營堡許以世子孫村落自營討否則萑葦盛平陸險海島古云戢伏戎胡弗壑之早

黃泥鋪所見

十年風物記凋殘大不猶吽號走飢鼠流離散病螻蔴門蘆編壁西風吹冷颼暑日殭媪臥遺女放犢牛小女全無

衣大女衣衣上頭道路無我日豈忍自獻羞古有草木製今

且盡荒坵

過顧庄

透運荒阿下荆蒿延蔓簇茅茨三四椽擔與風露宿土牖

網蛛絲明向菸所卜野草覆低牆瓠瓜垂霜熟乳兔繩其

頸朝夕厨下牧殷勤見兩兒父手體無服從未覆胷膛且

不飽麥菽嗟哉荒冬人不如彼草木草木不衣食當春媚

芳目

山中廟宿

靟山雨驟至投林見古廟枝蔓接藤蘿纏匝不容轎水樹滴滿衣入軀卒蹌跳四顧無門窗像罝土木肖村醪開殘盒何敢問隹玅客落窮途孤道人真同調朝出不能炊相視成一笑

晚泊氿湖

黃昏泊洋湖浩渺揮白片黷湛垂天圍蕩漾飛水濺水天接媾間微茫界一線蕭蕭蘆芰風搖曳橫波面誰家高樓船層窗憑雲見珠翠擁新粧簫管沸細宴俯首坐斗艙啞柝寒更轉挑燈消悶聽濁杯和殘卷

由黃四日入董家口

一出清浦閘輒驚勢激灔溼氣騰黃霾白日青天掩挽纔苦波戕張帆愁風閃便盼十里遥如經萬山險昏夜泊荒岸踈桅燈幾點驟然汎水來坐起覔加斂甫得入董口稍稍寬防檢敢恃舟楫功神明其如儼

行邳河中

何緣脫洪險馮夷輒效順大噫發廣頻爲我助勇迅海上駃天吳空中馳神駿百里指葛黃曾未及一瞬水鼓高于頭浪急悍于陣兩弩互相迎覿面莫與認回首園里安毋

乃以身殉

亂麻湖

亂湖亦何荒寥濶矘我目雲罩氣爲帷風吹水成霂揺曳霜花飛蘆上鋪白幅沿堤小人家與波爲伸縮淒其撲面寒擁被艙中伏

過臨清

朝抵清源岸那復都會較朱閥存瑚址神宇畱金貌獨有榷廠使役從聲猶鬧二十年前初歌舞日萬鈔珠玉闐青樓金錦蹙烏袧南北鬬驕奢豢養燕雀儆卷甲北騎來兩

河夜未覺雞女供嬉採壯丁聽驅趋多少珠寶資一夕流氷泡莫上古荒臺聞風驚虎豹

舟泊西河夜雪

水天氷月雪一片浮光白銀海亂舞花玉山濯驚魄落波悄無聲蓬掛沾千索散木枯生芽鋪地馬蹄畫鶴氅并烟爐何從着山屐一味景蕭條徒充寒關役

六合待舟

門無車馬贈相將待康瓠斗石不易載竟作仙航募開從徑寸窗收入漫天霧日月付烟霾風雨消晨暮請君寬且

緯緩急隨運數海上坡公踪移家酒中佳

由瓜步入儀口大風

江行未百里風順安亍陸甫及脫棠河狂颯起倏蹴後先
不得岸勉向中流逐浪激丈餘高船中水堪掬洗心黙爲
禱展顏對羣僕世途率風波得多惟茅屋

淺停鄧家窩

乘潮舟半入潮退獨舟支四野聚遠風皎月印空澌夜半
驗水潺細流渺一絲初出隨見溢長往將何之

眞州城南守閘

地闢楊子窪江循帆山隈城東四五閘使水勢徘徊下啓
上旋閉前挽後乃開木礎交激射夜半鼓風雷烟火結河
壖躋舟狎無猜疾鈍肖流坎豈關智愚才

泛泰河

那得揚州鶴畫鷁搓將代清風動細涼碧波漾微態寂寞
芙蓉江飄渺羅山霧日暮思扣舷玉簫客何在

天妃閘

踰淮第一難無如此閘窘出口懸瓶急銜流削竹緊百人
臂助扛十丈索强引曳宜先後次視恰左右準上水苦頭

昂下灘愁稍泯雖倚衆力齊目捷還心斂

步東坡行河中

魯直送坡仙此韻坡戲步之送楊孟容于時舟中

閲及因亦輩效

人生苦播離幾老父母邦淮黃兼濟御何數楚漢江蕩漾
折千里水影穿孔窗日向小窗蹲如在矮簷降官樓渴馬
奔漕艘倒山撞強的挾短矢洪鍾拱微杠旣憂陡帆直尤
虞監槳雙樂春堪怡孟甘圃竟偕罷可笑礪沙齒還憐戴
雪庬負却故園花落片撲春缸

陶陽寺風泊

陶陽寺下河瀆時苦不廣倏起東北颶尺水淚騰丈巨艦移橫山小舠顛覆掌打橛沿岸停嗳風暫遲往得接土人言此地悲劫攘向時寇狂訌于今兵肆搶雞豚畜一空絜皋藏皆罔滕鄒豈伊遠從不怕官長我聞促挽纜白日有魍魎

阻雨河菴

風狂趆雨疾棲泊得便賀兩岸漲流沙何年菴一箇負水塋門接入絫皆古座蕭然有書生舘㲄不療餓舟中有肴

樽往挐共愁坐萬福惟杯中僧戒亦且破夜半踈蘆壁濤
聲枕畔作

八閘

春流僅迎送不堪艫舳多漕艘應縱橫官舫復延俄纜向
涯邊引蓬從柁下過豈無嚴諭令衆寡懸若何

仲家淺舟夜

出門四十日日日天時轉時晴晒埬頭時寒凍破面不風
似移山一風如簸扇昨夜星沉水今朝水作戰蓬從枕畔
掀柁在空中漩引卧深艙中合目持瞑眩

十月廿日渡河

辭家經五旬詰朝乃渡黃急浪掀淵潤微冰戞鏘鏘簡便束行李早發戒風狂童兒臨拜去今泝欲成行依依立舟次篙起分匆忙爲之我心茹荼憐我鬢飛心强顏慰之歸好語報諸郎人生多別離敢辭厲沙霜闕析孔尼後苟以畢行藏努力救前失春酒需久香

河上守渡

軋軋箭激弦滾滾釜煎粥湍瀉寒颯起篙師爲惴惴徘徊夕光下弦生惝恍目浮雲西北流暝景轉凄肅冷響振茅

壁四顧弔影獨久客悽愴多奈更河干宿

十月廿日渡河

辭家經五旬詰朝乃渡黃急浪掀湉潤微氷戞鏘鏘簡便束行李早發戒風狂童兒臨拜去令[illegible]欲成行依依立舟次篇起分匆忪爲我心茹荼憐我鬢飛心强顏慰之歸好語報諸卽人生多別離敢辭厲沙霜闢析孔尼後苟以畢行藏努力救前失春酒需久香

河上守渡

軋軋箭激弦滾滾釜煎粥湍瀉寒颯起篙師爲惴惴徘徊夕光下眩生惝恍目浮雲西北流暝景轉凄肅冷彎振茅

壁四顧弔影獨久客悽愴多奈更河干宿

世書堂稿卷四目錄

醮筆池　登古城河墩上大士殿

金門閘萬佛菴

晤遷

庚辰重九問字滁上馮冏臺出步值邢上張矦魯坐

語久之　易子論文

過天同院

初發新店喜牛价人年兄同行

記劉崑範止宿　海陵舟中偕高兵憲夜行

接海陵二守趙乾符　濟上遇安復旦并舟而南

途中值宋公三年兄少有所贈

河上晤黃司馬

稱贈

戲王同人嗽紅　毛孝瞻

呈黃太史　東田樹百

寫似袁學博

送別

癸未春同家兄計偕阻兵恩邑假館李氏數月乃北

吳又善序別　三首

書別金祖香　敘別白邑守

朱晉公改授浦諭送且慨我 二首

送別韓二水　曾天球北發

餞楊甲先北偕

舟抵津門玉隨畱讀書予繞而北

畱別田樹百　葉應生回南

毛張兩年兄返楚

慶賀

翁太夫人七十　豐嶺篇祝潘年伯 代

世書堂稿卷四目錄終

世書堂稿卷五目錄

詩　五言古

讌集

夏至武子邀同劉止菴　洪瑞玉招集天壇

雨中爵子移酒江園　春盡葉年兄載酒園坐

同湯秩斯赴錢封翁席時並羅景有俱公車回

謳奏　飲張銓部

淮上陳闇詹胡諸年丈合招并白下陳子

金天駟見邀戲字囑其移之東園

懷慕

飛萍感懷同譜諸子

春謁　先墓敬告北行

抵淮店憶戊子同金冲玄除夕

晚風順城外店念王麗午

過寧陵聞張東亮授米脂令

安庶常遷外憲　祝中翰左遷楚中司李

懷感諸君子各賦中菀　劉給諫良載　梁太史玉立　王太史敬哉　高給諫弗若　王翰史蓼航　安豫叅復旦　左編修繩武　祝司理山公　張別駕叔緒　張孝廉季超

張中翰曾若　施太守長也　毛觀政孝膽　張
進士鞠菴　吳孝廉岱觀　韓中秘固菴　吳中
翰天木　宋民部荔裳　李臚卿璧雨　高
粤參念侶　侯進士朝賓　鄭司門霍堂

抵寶城聞朱太母訃狀　郝公子寄扇索詩并寫

題詠

題魏之璜秋葵爲蔣子仲光

董道院中玉蘭　寫山居爲魯極甫

封人請見處　游結義亭 三首

古樹

雨中拈山雲水樹四題卽題爲韻 四首

世書堂稿卷五目錄終

吳玉栻稿

卷五

三

世書堂

世書堂稿卷六目錄

詩 五言古

寫述

辛卯舉第四女子年四十有九

夢中得首二句漫衍成之

有爲　　旅院

解熱　　春日入山

山庄　　樓寓

架葡　　林晩

雨後病醒園中

歲時

山中雨寓　　霧雨

初過侍几塚上
弔五兒三歲殤
聞鄒海岳卒于舘疑之且慟隨成二首
戊戌三月十四日濟上得孫子亡信感賦
食鷄鞍子有感

道釋

印空僧
守性僧
慧光僧
爲一如僧
伴恒清僧治兒病
西來上人老而精于墨玅
南岳道人

閨館

抵滁友人拉城東看若耶

與方子訪文姬不值　相逢行

歌人行

世書堂稿卷六目錄終

世書堂稿卷七目錄

詩　七言古

行歷

游覽

讌集

林塘行爲曹公子　天中節寓姑溪

翊如金冏卿邀酌特出家劇

吳山子移席月下　七夕金祖香贈酒

醉席應王子

葉應生新遷載酒同張紹武因招家劇一演

春日約白令峰眺　酒中呈葉進士

席上寄汪子

海陵赴田守席雨徵矣歸則大作

世書堂稿卷七目録終

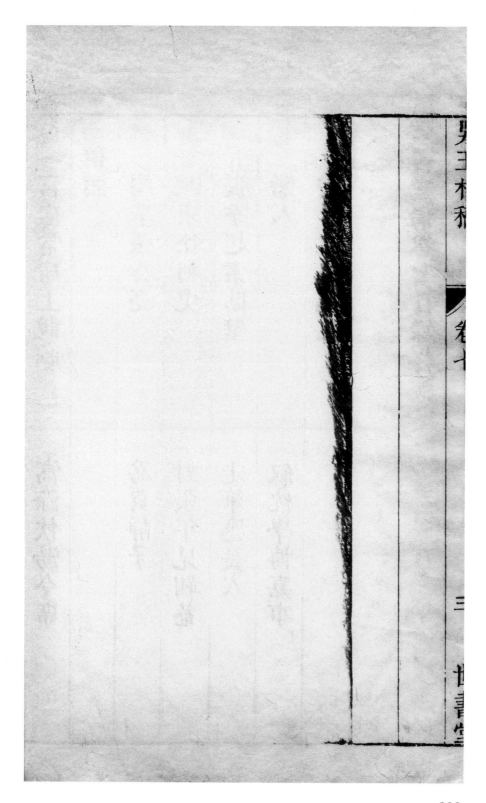

世書堂稿卷四

南譙吳國縉玉林甫著　姪　勗　較

詩　五言古

遊覽

登歷陽尊經閣

左衞右則州新閣雲中聳遝材千章羅築垣三圍翚丹堊未暇施建置殊光寵梯層三十級級級停勞踵下矚高絕地奚啻躡丘隴錯綜萬戶攢屹崿千山拱天門樹峯嵂牛渚瀉洶湧方覺雄風生忽來哀思勇回首十年前蜂蠆罹

壽種生靈四萬餘一夕血泉涌樓臺望中灰粉黛馬前擁
至今風雨昏寃號猶寒悚

看花秦園

我固等落花四逐尋花侶逢花便訂緣不道花如許紅白
鬧花開花同衣楚楚月至花弄姿風至花弄語對花酌新
茶香冷花露咀何以花露如婥妁花姬煮莫教客戲花擭
擭花爾汝珍惜花下談百年死花所

和城上峨嵋墩

何以名峨嵋臨深以爲上春花踏足飛夜月凌波漾樹嶺

簇螺般江帆奔馬狀狂笑逐風高醉眼同天放勿復往事尋欷歔生惆悵

濟陽見落花

繽紛艶陽月野望麗華同搓曳牽絲墜飄蕩蹴遠空嶺上霏雪絳池邊碾玉紅輕盈下復上旋周西更東可憐芳鮮色都殉泥沙業造物無常榮徒與盼春風

北歸抵石碑橋

橋上春栁青橋下春水白白水鑑芒鬢青栁拂征色征色日以蒼鬢芒不盡碧莫詫歸錦榮傕娱非夙昔

玉隨讀書幽棲是秋未售過此有感

入山逢山僧指弟讀書處破紙憂虛窗敗葉堆荒路壁間寒蛬吟咿唔其如訴風雨夜深昏山鬼聽章句本作沉舟謀豈期按劍妒已矣不復嗟美人多遲暮

永濟菴

結刹在林巒山來從戶啓窗櫺竹月侵堦石溪雲洗野鳥馴以問石泉清且瀰莫須飛錫杖憨坐蒲團底一悟破蝸城誰從起角觝

烈女祠

我過古荒祠壇壝荆榛滿孤堆廟以陰黄沙掩玉盌年來草木生狐兎爲營舘欹歔有路人青史誰與纂猥彼綺樓中宴笑春風款

西山雲隱

半日面西山覗熟仍如乍本是雲游移而使山變化片墨倏半遮霄熖或陡下輪囷出蓋車嵯岈起樓榭雲是山之賓山爲雲所駕蒼白孰點染去來何迎逆扳陟悵未曾想像殊難罷

古牧馬地

我讀馬牧碑葵丘古東地上游芒碭山梁園爲左次感昔周運衰王室弁髦視冠履皆凌越赫奕齊伯治豈惟車書同貢茅威遠義肅然大綱振無敢奸鼎隧諸侯羣來集牧馬此芻利仲連死七國淪及東昏侍嘗有主盟人天下孰敢貳

道上碑

大道貴無名胡爲侈勒頌峩峩去思碑半仆沙塵壅村豎盤足跨賢與不賢共當日挾官長生殺權何重淚滴峴山揮劓秦起獄訟眞澤自人心毁譽憑恣縱孝曾且投杼孔

聖厄于宋

春日同金侶樵朱守謙葉應生飲醉翁梅

深春幾信風繽紛漸落雪筍生箭銛鋒骨擢嶙峋鐵把玩隨遊人偃仰意弗屑冷碧蹲石亭孤香埋巖穴誰知崛强老精英從不竭翹首上靑天千古浮雲閱

過舊冏寺

官衙傷巖壑烟景堂櫳卽當彼絕盛時重垣四隅翊爛熳花若山蓊翳樹如織清歌徹雲霄珍禽藏卵翼何人職守土樵薪毀墁逼頓使珠玉堂化作瓦礫國風霜蝕古碑剝

落名人刻

春野

得向野陌游如放深閨女麗致鬭林皋晴波漾浦溆輕衫競新成風弄衣楚楚樹煖吐芳鮮草纖叢花所鳥吟動感發沙茵供臥處對景皆足斟挑野都堪煮盡此一日惟不負三春許

登幽棲

數里攬層青循入詰曲國椰甲吐金烟草芽展翠纖徑竹夾籬花行行玩且息殷門瞰峰巔泉流迴釜側深林鳥意

閒遠嶺鐘音默松栢叢巖衣雲霞換岫色坐高杯汁傾酒香飛四塞

春初遊醉翁

城南二月餘青翠拋林野盡數寒瘦更撩眼成遊冶路逢石仙人長眠學聾啞桃李滿蹊花紅白片流瀉隨處亭與軒皆屏輿與馬婆娑梅一株琅玕竹萬把山高樹覆窗殿古松生及一弄絲管音林泉覺風雅山態和酒情痴豪不相下俯仰今昔遊幾人能存也

月下過萬壽菴看梅未放

廣野雨露滋抽發多枝蘗春寒鬱芳苞千萬叢粒綴未識紅香面清致味殊別皎月却當空森踈景畢徹淡稿禪味同人坐幽巖雪冥煙四塞起不忍轉初轍

晚同伯兄河口舟回

難了主人情有如河浩浩曳裾上凉舟猶以壺樽抱晚風吹綠波搖蕩牽荇藻一鈎新細月碧天流素皓冷翠浥堤楊幽馨吐野稻人在清空境何如海仙島

重熈洞

的的春山媚迎眸芳鮮送翠鈿窗樹陳螺髻高峰貢草心

露乳御石面雲帆動皺隙漏微光隱闢幽玄洞麋鹿守戶
門草木架梁棟天然佛與仙盤龍與曲鳳技巧那得爭萬
古一長夢

泗上

我來自泗上遺蹟搜務竟崇巖騁登眺浩流恣游泳咫尺
園陵望焉不起瞻敬支垣鐵石城架瓦琉璃鏡行行跱延
閒惻怛生怏怲摧拉宮殿銷掘伐松楸淨牧豎狎跳蹲羊
牛憑縱横丞相雨冠湔將軍霜甲勁荒祠憫與修廢塚存
毋併胡爲湯沐民乃迷忠孝性兹封禁踐躪故老無繁諍

匪敢恃前澤大哉興朝令

望龜皃

兩山何以名望之堪由繹東安平陸地萬流實壑積洙泗汜濟汶漯濼并雷澤一望蜀山湖鉅野大𤅷宅諸水滙淮黃穿地縈絡脉禹績决排遠波蕩軏滸滸南亙若負重震撼奠巨石北浮若飛羽飄渺去天尺羲卦今載書陰田失㶁迹獨是草竊繁相將成荒芊牛種斷兵興丁糧因水驛重有酒淡人高深依古昔

濟上太白樓

太白亦人耳由來海內傳一本金玉枝神之日箕仙采江
錦衣游騎鯨上飛天隨所偶觴詠註釋祖青蓮由今數開
元甲子歷渝千濟陽有故樓勒之齊輿篇我泛蒙汶下停
楫三嵒連雅慕任城令誰與致仲宣黄霾垂晝晦冷颯起
霜蕈不辰輓季同倍屣愚與賢虛生擲腐草甲名付流澌
皓首長河干湍波照顏顛何處尋知心萬古一樽前

古南池

艤舟濟岸下高額扁三字紀從少陵名不媿爲好事古木
鬱森踈高垣匝薈萃俯仰年千餘幸以溝渠棄自罹灰燼

劫建沿踏平地甲舘圖書摧綺樓粉黛墜荒汚等牛涔得
邀重濬治藉靈漕使者眼孔開蒙睡勝跡亦有緣與人同
華悴

游元眞觀

春朝不瞬合春光不指彈矧當客路中奚辭縱盤桓城北
魏建置雲際爲奇攢層梯折百上城廓俯一看巖石呈皺
瘦江聲激哀寒林空鳥雀馴天高海嶽寬安得學離垢老
放此黄冠

登寶北碧霞觀

活活長河千瓊宮懸碧紺崇堵匝周砌危簷繞空鏨巡帆縱江眺拚鳥俯檻矚潮澒城堞孤水放湖光濫升徐拜愈恭行久立須暫星帔畫鳳鸞雲髻簪珠琀錢擲金環奇香蒸晝棟晴瓦鶇引首勞鐵雀搖心憺最後佛卧樓聲色殊幽淡酣眠不知曉瞑月無餘憾腸蟄爲之冷情濃付于澹可信羈縻客曠景宜隨探

醮筆池

文人所涉寓輒與占名勝城東古筆池載記多引証碑門官府張探幽從右徑涓涓細澌噎石級堪遁凳藻底潛冷

魚鱗鬣堪持贈塑像殿龕三殘爐欹石磬林翳綴網絲斷
碣磨蹄蹬獨有春啼禽覗睆清相稱高踪蟬脫耳奚事後
崇佞

登古城河墩上大士殿

黃流湍瀉處歸然起卓墩層級三頓上內奉大慈尊瞻謁
循各已整衿立山門飄渺流殘雲歷落散疎村漁舟見復
隱怒浪息猶奔茲茲萬馬白一堤牽線痕眺望生嘆愕此
身寥廓存

金門閘萬佛菴

一佛萬佛現萬佛一佛歸歸佛竟無佛此旨妙幾希即彼
鬧下糧粒粒救人飢充物成糜爛仍同棄灰飛將云以象
教丈六豈病肥佛祖不邇色一切盡色非非非與是是反
諸自在衣

晤遣

庚辰重九問字滁上憑闌臺出步值邢上張奚爵坐

語久之

是月之重九登堂叩至秔盧往旣實歸行之思且憇野芳
雜滁游車馬駢華麗不謂獳之交邂逅我友弟飄兮鶴翮

翩如在祥雲際席草古今談瑣語皆精細淹博則賈董沉
奧顏謝倒邪上多名流指屈亦罕計分首各菸菸雲水楚
天逝此意巖松知後晤將何繼

易子論文

我非杜陵老念子來意勤上者宗蒼古次則貴清芬修辭
嫌其鑿流水與行雲古法前人備所重揣摩殷曷亦念爾
祖券冊舊世勳能甘薪膽憤自足張汝軍

過天同院

三千途巳敝陰雨復冤擠風吹湯樹淚水漲沒河隄深林

荒刹隱僻塢小村悽碑殘剥石畫佛古落金泥老樹拳椏
怪長藤墜絆低山僧幸有酒對雨話淒淒

初發新店喜牛价人年兄同行

匆別文昆行日晡出都廓郊原蒼黃遍篝車載繹絡長嶺
洒寒黛低雲垂遠幰來時鶯花滿今陪獨蕭索何意伊人
逢立馬喜驚愕低首同病憐意氣勉揮隺那知前路岐影
散天空漠鞭垂三千程霜花孤搖落

記劉崑範止宿

徙倚失前之慘淡河村裏避逅匪所期窮途相慰止超超

風采問迴絕彼城市華堂清且麗筆山與書几眠我深墨
牀蘭澤薰肌髓感夢墮狂酣入夜風雨起銜泥慰我愁贈
我數鴨子黃白天地該此中有至理都在囫圇何時出
頭巳

海陵舟中偕高兵憲夜行

同登先我仕才雄年則少入展玉堂瓊出領朱旛部萬里
粵東歸侍養爲兒肖僻啄海邦寧千里絕窺嘯得與叙契
濶盤錯感號呌梔聲繞席鳴燭影流波燿顱結風雨心金
石銘同調

接海陵貳守趙乾符

廉狷而孝友幾能使君伍乃翁蘊蟠龍乃兄才繡虎頡頏載吁嗎允建世旗皷不慕捧檄喜抗疏報哺乳楚官萬里遥傷心陟屺岵泣皿赴萱喪依獨白頭父再攬海門駕那得侍傴僂身綰浮羅綬夢遶石盤鬴天錫齡百餘金印期榮覲

濟上遇安復旦并舟而南

北闕雲飈飛離羽刷何健出者幻海浮處者荒山遯何意泊任城恰舒七年悶相對老兄弟天性增繾綣并纜長河

流千里引瓜蔓明月落水員清風搖波遜淮陰長俠烈誰祭王孫飯駕泝廣陵濤烟橋花栁曼汗渙南北遊日向蓬窗勸

途間值宋公三年兄少有所贈

十年勞夢想猝面客途遇潦倒風雨從彼此傷行戍戎馬充湖南謬以半官赴書生弱且羸播弄從何訴嗟我同人輩出處皆奇數處爲涸轍鰍一出墮深霧鹽車老服馬觧締誰青顧轉蓬指湘江拭淚分岐路

河上晤黃司馬

勞思經十載傾懷夙昔期抵掌論天下慷慨無過之四海翱翔廓振羽正其時年華不再逢攬英赫施爲山中建白聞好慰故人私

稱贈

戲王同人嗽紅

丈夫出世間最鄙效囁嚅許交傾埶碧犯難薄霜鍔寧以轟烈生不入脂韋羣有言忍自食齷齪安足云所以耿光著史冊載其靈千載臨風下猶將洒血腥

毛孝瞻

不因隣氷寒豈以入炎爇壇高縮其趾鋒利卷其舌濡首濁海中質清文弗潔生榮與歸全堪爲報始悦所以古之人康和而且節

呈黃太史

至運翼人與至人翼道起日月餌胎靈江浙盪胸滓咀嚼飽以文綜錯貫一理入與平璣衡出與甄梗梓海車南朔分神鏡魍魎死聽其亂妍媸無我易橘枳琨玟望氣掇蝃蝀感陽止禁此茁軋鳴授彼跖𧿶輗相骨不相虔用目不用耳所以百五八皆可貢夫子

東田樹百

心許同文譜宵塵迴廿年繡虎鉗毛爪神龍縮蜿蜒京華偶聚首慰藉昔憂蔑售者擯赤土守者蹈青瓊念茲糊口游何復問心虔坐我百尺樓惟子日與旋叢花排砌秀茂竹拂檻姸杯酒豈叢嬉以謀古今篇不見江河下番令金石穿匠作罷豫章楞櫟毋與甄他日山中使白雲堪裁箋行哉努爾力勿稿終林泉

寫似袁學博

金闕何崇宏朱門何赫奕聲名海嶽尊役勢動雷霆皇哉

世所美爾獨眈孤癖薄祿渺糠吹微名敝屣櫛笑數千秋上貴賤同窀穸敢以蝸蠅榮易此生跼蹐霜雪鍊喬松偃仰偕泉石

送別

癸未春同家昆計偕阻兵恩邑假館李氏數月乃北

名韁誤絆人驅逼不得住南中諸少年飛函促登路春光淮上稀束裝風雨妒搖曳亂黃流城舍變丘墓道旁父老言繞罹兵燹故進退兩難持窮途邀左顧淨掃偃月軒高結藤葡樹華筵次第展清嗾列童孺給蔬且供薪綸魚更

網兎不復問家園鶯蟬歲月度闈試改秋期分手河干赴
感君何能忘膠漆囑鱗羽

吴又善亭别

自昔思苕葛神遊近十年時得憇見溪日望汲雷泉金塔
渺入雲玉甑高隔天楚氛方割據越寇復劉虔蒐羈勞落
裏得與子周旋

其二

故里急聯友而矧他鄉緣路岐乞津揹蔭廣憇勞肩撫枕
驚蒐貼籌方夙病痊文章不救飢壺飧豈御賢人生非鳥

獸焉能釋糾纏

其三

訂姓一家譜，溯科無後先。瀟洒霄漢逼，真誠金石穿。膝下珠璣富，庭前桃李妍。思緒懷梅渴，離悰折柳牽。歸帆如寄問，日日盼飛鳶。

書別金祖香

不謂今朝別，仍嗟前路岐。半囊裘葛盡，一卷風雨齎。世路馬前卜，大道甕中窺。倦此風塵久，山林懷故枝。家園久契濶，歸羽願差池。

叙别白邑守

晨解蹙塵鞍夕張華館宴羅列聚其佳歌吹徵其善不鄙寘鴻飛而辱卧龍美詰朝發郊坰彩伏閃片片暖水河流澌芳茵草色戀杯酌情率真戒勿圭璧衒方鑿拒員枘柔指究百鍊贈言等他山我豈吝襪線僑也衆人毋寬猛互濟變門者詎無謀叢神毋令見大嚴不必誅能俾羣宵戰鑒此傾日悰敬荅臨風眷

朱晉公改授浦諭出都慨别

猝聞脂車行快狀何摩挨鷙鳥出柵籠涸鱗縱滄瀚乘宵

涼露清近夕晚風衔問借白玉巾笑拭紅香汗翺翔千里歸翻簧歌渙渙雪水瀹新茶氷果陳朱案西爽漸次起指向南星燦桂楫溯江皐桐陰仰河漢花鳥聽批點杯文隨賞讚可憐金臺客兀坐塵韁絆

其二

韁絆不獲歸輾轉畱都下鳳閣絕梯扳鸞坡無路假勉看金池魚懶繫章臺馬骫籌敗沉雄贈言泯大雅身徒薊北拘覔向江南惹蘆笋念抽條鰣魚思合鮓癖疾非藥攻懶情難策打自茲遨回首萬事等空搶榾柮煨深冬槐栁消

長夏

送別韓二水

名諗六年前識面六年後邑有艮大夫同堂感道臭骨與嵯峨雄腹以華池噉赫赫世閥家淡遠一窮秀入世浮其鋒時變經翻覆鐵性與氷心巖廊期大授况復富古今昌黎位其右對此一樽酒江花滿君袖

魯天球北發

萬石弩無前發越乘其機鴻鵠摩天翅一奮不足飛煌煌冠蓋朝英奇隨所揮絲柳垂青院丹桂啓黃扉篇成奏春

明手裁芙蓉衣枌榆敷佳氣千里踏錦歸

餞楊甲先北行

古今奇傑輩志堅事畢效譬之金銀珀千年氷雪窖又如山幽深雲霧鍊華豹讀書二十年光乃澤于貌踏破黃塵鞋百花滿皂靮捷音喜北堂是盡平生孝

舟抵津門玉隨酉讀書予繞而北

小酌挑艙炬爲話明朝別居讀與往營行藏分各轍物身警以東事人聖且傑希合衆緣逼龍蛇惟康節娓娓聽鍼指開我老耄拙意長更轉促分纜語未輟

畱別田樹百

嗟乎所遇窮舉世率爾爾春仲暨末夏有如戍流徙垢面炎塵中濡首寒波裏一肚不合宜從誰眉宇喜邪闊達海陵僅担半行李無兩同心人十年膺服紀勗我爲自强或者天監此蓼蟲蔗漿囘蘭結蠶心死知我貴真知無須古鮑子

葉應生囘南

訂歸月餘久臨發忽中變搖搖不定舟此心如欲戰一腸九萬廻目聆追飛箭揚揚舉鞭立海上赴仙眷送至長楊

亭卿杯生畱戀回顧隻影懸徙倚深空院

毛張兩年兄返楚

皎皎雲中月照我影孤特行者戾宵空遺者墮業棘豈不欲附隊高飛未可得首鼠近愚瞀徒爲知己惑

慶賀

翁太夫人七十

灼灼中春花濯濯中春柳部華值中春景物方萬有璠璵供楚旅蘭桂惢樵櫌世閥冠南江昆才齊北斗徽音抑何長授書郡祭酒士僉師厥師師實師厥母母道惟豈弟作

人易且久所以三百士董習一華冑願自七句始引歌作

九九

豐嶺篇祝潘年伯

豐嶺介江淮名蹟抗三百層壘圭笏尖蒸變雲霞澤深厚

崛達人鍾彼山川脉書笥參奇龍如以雙杖搵珢玕簇箭

封縹緗委山積大者邁阮章次則奏賈策聯翩韋氏昆承

明天咫尺晝錦兩尊歡鶯花攢瑶席願以嵫景光如彼若

木昔鶴髮騰三公種在崑崙核

晉連城五十

襄水如玉帶岳峰如華帽中多英賢輩君才何獨造筆頡
耐耕耘書窗尋堂與試小必冠軍戰大幾搴纛豈圖三折
肱僅以半通報司李江上郡羽書靖萬竈將爲屏翰引將
爲台垣導堂下琳與瑯步步能跨竈堂上白髮親耳聰目
不眊半百滿兒孫相怡扶大耋

邵年伯母六袠

淵源懿淑長江流溯西浙蘭澤儲幽芳燕羽遲春闈相我
君子儒被服珠玉屑頏頡鸞鳳飛隻羽差池迭蘭膏卸薰
沐湘簾點斑皿撫斯丹桂芽完彼松筠節左提而右攜毛

裏三何別沉鬱發精芒佳見巍名摯大者奏明堂文亦賢
書列未更白眉艮鼎監中原集以此報夜臺草木苾芬蕤
畫錦花甲臨歡呼繞堂掇彤管記嶶音綸書賁崇閎所感
歲寒知華風方未輟

楮元敷五袠

吾生有大懽不在名與職所潤者道腴所實者性殖物無
能菀枯而有貞消息誰是四明翁渺渺雲間即機橫貯烟
蘿泖淞瀉胸臆淹博貫千家怡養調百息鳩杖太素風斑
衣萊子德把酒江上樓江春融溲極春花上林滋朱霞起

天北

許太夫人洪年母六十

雲霞徵山才醴漿徵水德白嶽連黃溪秀麗江南特烈烈挺坤貞堪向石照勒由今迄榮膴經營始憏惻相我夫子儒書田儉稼穡鷄鳴輟宵影婦孤代子職荼蘗茹中腸含笑供饋食笄笄育三雛口乳手字識曉窗檢澤編清夜伴燈織甫推南邦賢玄黃翻不測飄搖躬卒瘏巢壘幾覆久陰有鬼神言天道傳信敕震起蟄甲飛平允分大國檄捧紫闕東花樹黃堂北寧携二三子翺翔皇路陟以此發潛

幽旭日雙生翼甲子週復初同心四百副競矢節壽章登
爲聖母則

徐仲宣五十

人生波濤中半百識自主事事小康時處處極樂土山川
恣壯游經濟成良賈稼荒歸棘田書誤習塵釜嗶嶸膂力
將如日方當午趁此振榮策三春花及雨

濮信生六十

百年流水同今君花甲復美髯長可扳歡容和可掬領袖
矜斯文珍瑰幾見鬻未官天已爵未仕邦已祿行爲聖人

徒不至糜吾穀為君作祝言如彼數孔目君朋古伯叔君養墳典腹君功英才育君年道腴服太和所蒸陶造物為輪轂他日授節歸豐山視瑞鹿

蘇元甫六十

世輪風火撳千古等一霎緣感并存攖嚆能怡六甲視彼岐黃公調衞獨融洽胸中造化胎袖底春風匣金星案特當玉帶水環恰課讀贈心娛含飴繞膝抑嘗供杯酒驅氣聽花鳥押大藥願與餌元精共無乏乃知壽世功即是延生法

十鹿圖壽林毓如六十

十鹿取食祿不必邦之餗布衣養性安菽水成天睦笑問黃花開喜逢白酒熟陶然丘壑情甲子堪雙六

江元化六十

貧苦生疾啾豐厚牽罣礙我觀世間人不齊有萬態惟君善處室眼空性自在疆畝襲前餘池園闢大槩花開張蓬欄魚肥佐蔬菜一見熟咿唔諸孫娛聆睐口嘗有卮徒眉從無鎖黛酒氣勝氤氳燭光成𩯭䰄如此樂同人甲子行將再

食半

世書堂稿卷五

南譙吳國縉玉林甫著　姪　昻　較

詩　五言古

譙集

夏至武子邀同劉止菴

暑雨日淹循不知夏令至敞首擬輕扇開窗玩古字繁華他鄉節惟適閒散志故人折柬邀披衣即從事入可竟庭軒坐亦亂行次酒佳惠泉來魚美犀江自片月掛藤蘿微風簾堦刺蹊蕭雲天影頹然共一醉

洪瑞玉招集天壇

法宮萬象門望氣儼肅穆瑤光浮金塔蘿蔭匝石屋樓閣
神仙居道院亦支僕窅折垂垣通高爽晴軒覆簾垂花鳥
間亭淨盆盂簇瑣窗坐幽人契集皆名宿才如阿蒙字禪
有虎丘禿奇談河漢傾雅作堪絲竹斗斝發興酣淋漓濕
袖幅扶醉月滿鞍涼思生蔌蔌

雨中魯子移酒江園

夜雨晨趨邀為花意殊懇城堞飛水氣陰雲樹列混入園
看諸梅恨別攢眉損雨陣逼花孱花情向客樽栽花原當

門楚楚芳姿忖痴將簾外嬌貼如瓶中穩人言花燭宵此
何啻中壺但願花伴人借酒投誠悃更願人事花筆穠滿
杯羹

春盡葉年兄載酒園坐

小園春事盡無復桃李妍細勻籠竹粉滿暈踏苔錢青翠
色濃浥況復承佳筵鹿觔山中珍藕節水中鮮讙笑羣兒
匝童歌遊周旋驟雨東南來點荷大如拳湘簾紋隱織華
燭脂晴涎少焉雲翳散新月皎中天高空盤箸淨浮颯衿
帶翩只此須臾景變幻起流連

同湯秩斯赴錢封翁席時並羅景有俱公車回

堂上老仁人秘授青囊札誓活盡諸生不令造化殺起癃
復延賢意殷而文察宛水來詞宗鞏嶺挺萃拔一嗟豎子
侵一羅荆君刖唏噫沉雄風諸擯等茁軋把盞勿深論顧
予徒磨刮十年淹蹇極無已效柔滑

謳奏

海內人賢聚四風獲解帆麗景恰園眺嘉會乘時賺萬億
塵沙劫盡入酒杯巇絲聲出碧鏤榴花浮紅湛將此聲伎
長追歡胥宮監

飲張銓部

活活桃花水握手綢繆寛别離未十朔復接壺與盤念此流離狀依悽迴百端車窮轉櫼發露冷變霜溥相顧唁慰深願以愁易懽拈作憤騷多讀之心凄酸

淮上陳閭詹胡諸年丈合招并白下陳子途窮貴意適展此在朋情蘭桂騰芳芬珠璣迸光瑩少年氣節重慷慨聚首傾一席通湖海千秋矢弟兄佳會不能多拔帆且偃旌夜永衾爐寂肺腑耽春醒

金天駟見邀戲字囑其移之東園

歐公不在山陶公不在園古人行快事意適隨所援請以堂上具移之東別業無問麗與奇青翠爽眉睫絲歌有新鳥翩舞有游蝶萬勿勞春檻一壺與十碟卜夜以爲歡知子不我怯

懷慕

飛萍感懷同譜諸子

片片池上飈星星水中燦本屬同枝條紛披在曉旦昔我游金門輪蹄共輝煥朝連黃金鞭夕擁青玉案法署霏氷霜詞曹競波瀾無何苦瘢吹安能免影彈近徙江巖門遠

逐海濵慢晉叟泣麟桎楚狂悲鳳絆再復走幽燕星光隔
河漢秋雁斷衡峰春花流別岸莫追杯酒歡無遁篇章現
白絮化青萍悶忽生長歎

春謁　先墓敬告北行

春正望及三旬躬告　雙墓循澗矚碧流扳嶺沾風露壑
籟沸濤聲松根菌巖乳林泉清嘯吹彷彿披辭句更想謁
儀容芳薌草木煦歷尊再拜言不肖將公赴二月之朔期
軔發三千路髮眉間鶴毛功名仍駑足追昔授書意恐爲
冥馨吐無已鞭後車金門了一顧長途戒與憂惟恃有冥

護履坦而轂戳不失鷄鳴素

抵淮店憶戊子同金侶樵除夕

睽歷五載餘入門記故宅河流長碧青客鬓分蒼白把杯寒檠挑隻影生凄魄

晚風順城外店念王麗午

北風捲黃沙散作黑雲隊夕景收曦輪屑土障眼眯荒館寒飈生蕭瑟坐昏晦故人官法署一城隔踵背豈不願面謀風塵增垢誶濁酒斟孤檠靜影兩兩對

過寧陵聞張東亮授米脂令

人同時亦同遇却分通蹇通者快登仙蹇者縛繩緄曾是百里侯不能八口綣米將磨蕎牟脂將掘雀鼴不若鼓腹民作勤而息穩

安庶常遷外憲

一室念三人衣珠獨爾賴我則躡後塵再期屨門外拂披春風深蒸薰成和靄確意勤石金道言甘炙膾臨別贈藹紋服之不去帶罟爾萬丈峰掖入于溝澮一朝顧問臣鎖鑰膂都會金馬下碧鷄鸞鳳修野翮豈謂窮海濱文旌揚茷茷古樹江頭驛載酒將邀會

祝中翰左遷楚中司李

契濶甫周歲頻裁錦紋鯉惠我多好音好音居官耳豈期諷議生番覆亂朱紫淸華秘書臣左秩郡司李荒瀕海瘴多天門五千里洗爵望行旌祖道于何俟我昔殿後軍慰唁眞毛裏踐職毋曠侵臺省命而巳今日轉贈君不過亦如此榮華視浮雲歲月隨流水努力宦早成完璧故人喜

懷感諸君子各賦中菀

劉給諫艮載

三代如可仰直道斯人假顛連困苦極乃徵至性獨接我

姑水上儀神如鶏木及其躡金門側峭東南竹所乘人之
馬所居人之屋不以北門嘆而少自貶縮汲言原顫梗賈
策輒痛哭每披一諫草海內抒蟄蹙蒼生一何愚誰鳴食
其福

梁太史玉立

海上羣瀛叟星羅一門第槐聽種根桑綸閣裁蓼棣三事
經筵陳五題院除製景慶符文明光芒時古蕤瓦缶側琳
瑯忘其屑與細杯酒豈聚歡示以南車詣執鞭如可從願
爲之輿隸

王太史敬哉

品彰綸館重威儀服太丘介廉秉性成和惠與時游坦途泯城府湛腹隱春秋先後星辰履四手扶金甌顧玆海內士吐握勤升摳淡入道者室邈登仙人樓山斗羣知仰今之昌黎儔不盡腴芳炙瑶篇嘗捧誦

高給諫弗若

悠悠世路難君子視所養當代若人出陽道為日長逆鱗攖其鋒勁鬚撫以掌立言慷以慨曾無俯與仰澤煽楚吳交歸袖清風兩直亮天所生而非競標榜

王翰史蓼航

仕徑倏低昂吾骨鮮軒輊鴻鵠未摩天萬里翱翔志具此奇胸見賞識多不次花巡并酒征都非鼻息吏大業在飈起光輝儲以遂宰相卧山中鄭重鹽梅事

安豫叅復旦

世眼貴衒耀奈何吝修飾如金未淬鋒如玉未刷色卷翼復鱗遭英華何翅特以玆巖冷威堪立百郡式獨美一門士惟君領翰墨胡爲啓沃司遷作甸宣職濱海疵瘴多使我心轉灰在笥撫故綈衣之見明德

左編修繩武

先達推後進斯謂宗大雅塤篪同道音噓吹何高下緊惟玉堂翁一見心如寫階戸悉洞開杯席多瀟洒豪邁肺腑傾交締謝游冶憐予燬後車慰言相寬假知其拂征衣詰朝來秣馬千里同患殷臨岐淚欲瀉思之不可就清風扇在把

祝司理山公

馬牛齒巳長交游幾宇內欽彼星岳儀嚴巖中天輩識面自秦淮洞豁徹胸背研發干鏌奇光顥搖羅亭遷之仙蹟

表海外開荒昧釃酒浹祭生畱跡端明配所惜同心人不與結巾佩綸音如復宣再入清華隊雲韜憇南江中道爲釜溉

張別駕叔緒

士苟相知心生死以不變一此窮達狀等之霜與霰擲鞭風塵餘一見平生面意氣凌雲層肝膽濯冰澌滋拔水乳交十年情無倦四海攬名英蒹葭倚玉荐落傀馬首回貽我艮珍瑱白雲不須捐黃金不須戀

張孝廉季超

珠不在于泉舌池之淵淵玉不在于崗眉稜之琅琅
吾相天下士比肩無能二皎潔氷壺姿湛泓秋水質緩急
謀友生鏤刻終身至鴻鱗偶爾睽臨風增顒頓何日高騫
南江天偕浪醉

張中翰曾若

先人偕伯昆一椈名犖犖繼復把臂肩春明分望朔君拔
鳳凰毛我掛牛羊角結撰生平具喑嘍朝喬嶽蕩蕩汪洋
廣拔之無清濁錫以琬琰章日開吹噓箭男兒恥荐推服
能空齷齪近在淮水央惜不時手握

施太守長也

不緘古金人終日對默默默者神之府秉心眞淵塞六載弼司寇刖人見諸色刑殺無如何此心悽以惻鬻畝與典裳釜甑充弗克綣此白衣操出領黃堂職二千良太守故人往未得何時登宛委酌彼蘭渚側藉君澆塊壘無復窮愁國

毛觀政孝贍

贅名三年前三年後乃聚各陳世淵源忠厚傳家素攻堅習筆硯茹澹甘藜布美麗所弗悅耐守終窮醋太公尚方

剛啣杯說章句出處付行雲寧急徵書顧爲爾不南官江
皐日延步

張進士鞠菴

浮生慣愁慮開襟獨不然淵思渺塵籟曠致横空天擷古
芳華茹物賞景情牽懸河輪若注滚滚珠玉泉並轡長安
門馬上誦新篇玄曠高古絶豈食凡火烟星域恨楚越不
得燈床連

吳孝廉岱觀

烏聊鍾璧瑄虎林發芝菌石甑磨其骨石彭盪其眕淹貫

古與今淵博尤妙斂我從天壇游爽氣橫秋隼激之不能波援之不可引處困如履亨安有嗔與哂設與長年親躁浮累自泯

韓中秘固菴

汾陰有至寶黃雲蓋其上代崛精奇士慧巧推心匠締吉三百篇與古遞和唱布衣長安門先達拱臂讓儒材之宿尊詞坫之飛將位置紅藥欄較讐青藜杖一朝聆緒芬森羅萬名象安能時時從波瀾挹千丈

吳中翰天木

感君意氣浹引之入清要迅頵驟龍驤鶚雀追鷙鷄徒勞
奮袂爭其如長袖掉曠情揖青空雄才紛抒眺冠蓋集若
星獨炳燃犀照玉戚豈在顯風流仰其紹

宋民部荔裳

孰云東海士煊赫特門戶介族冠青萊蕭踈勤寒伍學富
守以儉才高節用苦英馥擷家乘玄脣擴泉圃規模八家
尊諷詠三百古天下之會計錢穀在掌數我幸側斯署威
儀隣鳳虎謬矢訓和音轟雷裂蛙鼓不喜識故側喜識斯
文生氣叙三易秋胸臆萬斛土無已撿佳什讀之爲起舞

李臚卿璧雨

齊國偉丈夫詩書躡廟廊朝鳩鑾儀陛夕擁鳳笙堂海內青蓮裔相將序雁行我交廿載始兄弟寄北廂飲我珍珠汁餽我紫明瑞再從金門游壯與益高昂名花列堦砌拱揖環琳瑯戲聯歌舞隊燦炬賽紅粧名士交訌烈多情轉綿長歡娛夢夙昔老死可帝鄉

高粤翁念侶

宦海萬浮沉天性關悲弔當其煢煢孤榮華不忍料蔦焉開春宮金馬乘年少四十文華士風藻冠同調剔歷海南

車日憂戎馬跳才鋒展陸祠筆陣恢韓廟且鞭北越長再
駕五雲轎高堂有白髮早御鸞旌名建置竹帛榮紛爾前
宗旄

侯進士朝賓

人事紛難推天道杳莫問堪垂澠池雲枌榆不及奮光明
徹鬼妖曾以沙石技所謂大力趨付之一氣運睥睨阮生
高部令長卿韻神龍倏變化可望不可近

鄭司門霍堂

侍席者有九在儂巳不力豈謂賈董才葜門屢跋陟前跕

三鎩羽後征兩削色往反數千里飄零等溝洫旅邸剔殘燈對床輒嘆息淮陰高風渺不飽王孫食空齋採苜蓿救此寒瘦亟賡文號先生半生殉筆墨所嗟阻仙嶺相思徒腸勒

抵寶城聞朱太母訃狀

霜天濟上瀰登堂伸奠喜仰夜驚婺星訣音傳一紙惓言懿躬隕愴應哀骨毁愁雲壓岱低怨淚洒河瀰未報墨圭功遶扶白車起弔亡還慰存身爲天下倚

郝公子寄扇索詩并寫

我坐窗竹間有人索書扇詞非雕龍長字乏驚鸞擅隨所啄與揮聊弄筆和硯貧陪花鳥歡老結雲山眷以此應人求所聞訶所見況子少年子腹富手倍善如將樗櫟枝掛彼珊瑚殿請自掩葫蘆勿敢作便面

題詠

題魏之璜秋葵爲蔣子仲光

生聞洗耳踪筆墨爲漁獵不屑丹青家當秋寫秋葉踈踈三兩枝半吐半含莢桂馥筆頡飄檀心紙幅貼何論張藻秌無效趙昌燁以贈江湖胸味致獨此浹焚栢淪菘蘿細

向清芬嚬清芬世外賞桃李等媵妾

董道院中玉蘭

庭空玉樹立不與羣卉伍天然皎潔眞粉澤視如土花開旋含苞經年乃一吐炎蒸暴其精冰霜濯其骨獨殿春風榮時華不與沒

寫山居爲曾極甫

築室萬山中生平此願足高峰入案青細草排窗綠臨流泉乳膏遍地花茵褥客至何冠衫與來隨謳曲以此友古人古人吐我不

封人請見處

栖栖轍敝時四之無一可小君謁胃嫌彼婦懷誠叵三月微見技七日竟無火鳳歌懟實嘲狗喻詭而頗邂逅何人斯殷勤謁道左片言指衆津談笑開迷鎖嗚呼嘆莫知有天又有我吾徒聖步趨吾師道侑妥所以世極頹不至人相髁我來吊高鳳下馬盤桓坐

游結義亭

吾何愛此竹濯濯三爲族外直聳層霄中空涵甘滬不扶挺勁節不削成良簇願以貫石心表表萬千目

其二

吾何愛此石璘璘展半席潔受氷雪磨堅同巖壑闢靈光擁國華奇文粲星晛願上明堂資拳擘如拱璧

其三

吾何愛此亭巍巍枕勝形水曲環清佩花香倚馥屏鳥知翻舌巧草欲發痕青願偕竹石友作礪壽山銘

古樹

翹首扳古樹不知年幾閱盤曲交芽根玲瓏透孔節膏脂凝作香肌膚粗成鐵騰空聳欲飛臥地偃不折威儀儼神

明表識傲坊碣所飡日月精所歷氷霜冽桃李三春榮菌苓一朝輟人壽不如物喜在枝巧滅

雨中拈山雲水樹四題即題爲韻

雨山

山空雲所出雲結儼成山樹在高低際峰存遠近間黯淡將同色灰堆欲混顏岸滑猿愁趁巢欹鳥怪扳樵子須擔笠老僧合扃關登高有賞興鎮日落清閒

雨雲

虛中垂蓋幕空裏列鐘簴陣動將旋馬隊綴若排軍絕無

開闔態而何斷續分翠巖封細靄朱旗掩眞瞟投林鳥影沒汨水雷聲聞山窗高臥曉烟霞溼䄂裙

雨水

上濡與下沫相隔不一紙結成迷蒙世颺颯不能徙競踔牛羊波涸躍魚蝦瀰紅蓼陌芳洲青蘋沒遠沚白影草寒塘微微苔紋起一片清冷心濯彼深波裏

雨樹

幾座蹀躞村烟霾相散蘰長林冷焰鬱細草沉氣駐松溼毛不飛栗潤葉如故那復根株行遶屋昏光眘掩抑幽書

幌埋沒殘香炷岑寂獨閒吟和愁織成句

贈葛行

天道易燠涼絺綌暑其常細膩玉珠質輕浮雲水光咼澼
與咼否日日拂拭將未贈遠行客愛言好皎白梅子不及
黃如今櫥實擱轉瞬金風起又復理緗帛嗟此悽惻物知
莫承膚澤歸來啟笥看一一有指畫

報國寺松

我見世間松無若此松貌不競上翹聳而爭側橫趯天矯
殆料龍踞蹲當虎豹艷彼桃李姿開落春風鬧漢寢與唐

陵滁滁牛羊蹕此則徵雲物霜雪偏硬㧗豈其蘭若地呵
護百靈效

為張叔緒題屏

物色蕓門老快哉吾友張雲霞蒸以氣氷雪浣其腸所交
四海盡英雄塡眼眶香爇紅毹榻樽開白璧堂驚世河漢
注飲人蔗梨漿以我潦倒極十年如家常秋風起南雁霜
天何茫茫

內丘南郊生祠中像

是人何如者豈無功德斯胡爲乎尸祝不保眼與髭古道

余或衰肖像誠乖宜居官世子孫乃供戲侮兒

雨中見狠

細雨野濛濛肆行田中路搖尾復掉頭蹲踞屢入顧追喝益徉狂曾不少跼怖相彼肥豐極豕羊仍飽嗉我見河上民鳩形皮骨露膏粱無地產痺瘃轉殭仆胡弗盡化狠鯨存還虎步

挽車

汴豫魏燕間手輓輒千里絡繹南北交昏宿侵宵起我忖剎倍賈樂斯不辭苦立樹偶一言苦倍難指數渴飲途中

井飢啖懷中餅日曝皮面憔霜削毛骨冷店火
口遭摧挫間關達地道官抽丁復課賒欠耐時守狻獪且
攖空歸與兒妻較所值歉傭工謂爾胡不耕或圖或水沒
謂爾胡不兵徒供虎狼捽少思息半肩將便飢八口嗟嗟
勿復言長同牛馬走

醫馬

良民不勝殘良馬不勝病馬病不能言民殘不敢訶主者
弗體恤諸役爭暴橫重任竭其力縈箠急策併如鞭土木
偶烏能堪厥命所以治馬者以治民爲鏡勞逸均其力飢

渴時若性安危呼吸間喘息與研竟雖則民愚柔從意不從令盡下之謂明兼聽之謂聖

王氏偕老圖

滾滾雙輪尤僨將黃土蓋不是真神仙病苦焉能汰獨見七旬翁六袠相倚賴男如搬刀屠女奉金剛會原未事詩書聰明等愚昧復無產與貧一切放度外流行坎止中人棺無芥蒂

新雁

天高露湛冽侵剝遍野啜嗷嗷逐長飛山川方迢遞刷羽

非不健經閱曉昏戉秋氣激繁陰天路何棲憇慰言止深
阿長飽稻粱計

竹窗歌

自我蒔茲竹琅玕却當面婆娑窗上影个字分明見風雨
驟來侵敲戛鷄骨戰颼颼鼓夜濤丁丁洒氷霰明月弄流
光穿插參差變横者拖蘭枝直者抽條箭簭者交青蘆跡
者散翠練開窗床幃近羅幌增綣戀疑是山陰圖枕畔烟
雲荐與君朝夕久披紛染几硯冬爲掞雪拂夏作撲風扇

瓶中三色梅

非由一本生彙作三種相顏色交繽紛枝莖互依旁縹緗纖錦端流蘇吹美狀綴則累錦氈懸則垂彩帳骨格自無加脂粉別有樣人事補天工造化從前讓

雙石

崒嵂之山麓相倚頡頏立一腹豐而倨一肩昂而宊捍門大將軍甲冑生悚戢亦若貴人朝莊嚴同笏執誰手司巨靈闢此奇觀偉雄壯莫星辰嚴憚懾神鬼往來扳緣輩不知閱經幾

釣魚臺石

河上迂且折臨流蹲獨石頂平身以方稜隅削鐵畫側山
瞰清流嵌空仰天碧下有蛟龍潭量之不可尺躡沿一俯
目神搖形跼蹐疇是老淵潛守茲爲枕藉

皁笠子

烱烱睜雙瞳視事猶等瞢如何四蹄奔不放隻眼逼前徑
險叵測能無蹶且窮驊騮困鹽車究與駑駘同豈伊春風
生不在拙與工坡仙有善謔愚魯陟三公慧巧造物忌甘
與學愚懵

蜀山湖見漁人

方輿古下澤岸圍不可較覩魚史所譏至今補俗鬧流渚插笐籬逐坎施罾罩春水雨漲瀰千艇競櫂櫂大呂匝四圍有如縛虎豹囊收不使軼鉦鼓羣相敲冲風試勇猛破浪誇騰趠潑潑獲巨鱗羣力益賈茇不僅便口餬計隻先輸鈔貴官臨洋美毋乃指爲樂

船小

以我船投彼一船幾納百納之以我心心寸不爲窄江湖蕩胸臆雲樹狎肝膈譬彼錦牙叢巖深反苦格威畏究無容浮惟空虛宅

小舟市魚

行船呼捕船百呼一不應急之擺且飛迂之岸以瞪豈是不貰錢向來經蹭蹬冲寒犯氷濤忍死踔陷濘遭彼帶刀人拱手徒效贈呶呶小兒女終不飽瓦甑

河上

高堤試登望縱蕩何無涯累累古荒冢聚嘯爲兎豺歲暮役牛車拉載落霜柴山積鞭如雨皮骨露梗楷白楊間蕭踈浮雲低遲畱使我不獲歸竚立萬感愁

秋葵

江水不作潮山雲不作露田禾俱憔悴獨憐新葵樹婆娑嫋風前森竦倚牆足輕衫拭顏色淡染鵝黃素三春榮華盡英英在秋暮

山中

山脚看行雲山頭看出日日出山端好雲行山倏失東峰發火車西峰堆墨漆明暗倏忽頃眼輪轉換疾日對山與雲萬狀難憑悉

世書堂稿卷五終

世書堂稿卷六

南譙吳國縉玉林甫著　姪　牖民較

詩　五言古

寫述

家報又一女

昨夕蒼頭來書報又得女愧非子孫官森森竟如許天將成我貧我豈怨人舉古有儒隱之一犬辦嫁與尚存殘筆札他年好傾貯對月且尋杯勿對月徘徊

過草厫

匪惟粟如珠草亦桂芝惜荒枯山旣童沙石土復瘠憔悴此餘黎苦耕闢荆棘子粒輸將勤芻束亦絡繹一紙官府催肩蹄踵鞭策莖莖手口瘏尚染汗血赤積之如岡陵風雨恣狠藉聽化螢與螬誰憐亦命脉

野挑

天忘活貧黎赤春不雨穀遍野掘青苗上品薺與蒿辛酸與苦辣胡亂打湯粥聊得塞腸飢那復顧指肉延此螻蟻生免于壑溝瀆

寓邸

長安在天上一入輒井底節候等空花年華付流水匹馬龍駒看數椽金屋比朝出謁貴官晚歸計錢米本非離垢僧孤枕足誰抵仍有白首畱客死別妻子人生豈草木鬱鬱胡爲此

椒苦與商爭遞聞直指臨滁憶必斷濟痡里水旱餘存者僅骨齒郵驛苦鞭箠絡繹沓無已所賴惟衆擎商民量分擬民念六商六三十二號紀各輸協于官行之百年矣近則一二梟詛上殊狡使長吏新下車吸吸亂原始公論聽裁斷所特真御史聞說驄益臨瞧類其

色起民商何恩仇利害協彼此量輸不傷情故例豈容毀況汝百倍民田廬儼桑梓利攘差則辭強生弱寧死三尺汝不孚上將告聞紙

都邸卽事寄陳末甚并示兩兒

客日長如年日速年亦銷梅零櫥結齒倏將二百朝間一策馬出市門闠招搖誰家少年子鞭垂意氣驕長扇掩風日華從湧波潮睥睨旁無人執手不移腰我亦馬上行勢宇判壤霄未敢探腹笥寵赫越羣僚朱門復何謁策馬回蕭蕭松栢知歲晚桃李各春天不至豚與犬皆可學鵬鵰

小者尚飯乳大者漸儀標嗜書誠精實爲文期鬱超矜滿且晏惰徒將老死椒百年淪丘墓西風益無聊

秋日

踽行獨閒愁況值肅秋日蔓草悉委翳陰霾佈憏慄飢烏噪殘楊田蟲皆啾唧烟背古戰場馬嘶黃昏驛世故多坎坷所得寧償失身後一黃土事前皆黑漆細與曉人言毋爲不可必

流民辭

荒原何所見流移獨纍纍百結衣線牽頭蓬足見趾破甑

老人擔黃口牽迤邐飢則煮粃麩霜草拾腐委烟沉野風
撲未沸兒數起薄暮求棲身毀垣與敗垝可憐傴與仆一
日不幾里趨東復轉西樂郊何處指

曉出城逢驛使

流光一派白微星點在樹燃炬出東門上司當門遇叩不
是上司勢比上司怖火牌疾轟雷呼騎索點雨念此星月
披應惜不遑處獨是咆哮張手足迫無措覷馬如芻狗馬
卒如盜捕亟從斜道行無猝逢其怒

拈兒輩試題

老婦對掃鏡不料丰容朓振衣入堂筵國色豈我奪
轉垢土務以淡粧抹瘦稜描遠山顏見殘鋒未從茲謝知
已兀首披敝褐

慨旱

前年鬻田土十鬻猶就五去年鬻田土十鬻無一主今春
田土荒言之便舌吐無巳伐林木墳墓空四睹無巳鬻兒
女傷哉割肺腑肺腑寧忍戕飢餓且垂倒近聞英六山得
人捹金討但是女與男不問醜和好西村母送兒東村姑
別嫂洒淚畫券書相哭抱頭惱養時如珍寶出門如蒿草

蒿草年年生人聚難再保

落齒

震搖兩載餘今忽下其一我試閒思忖後落何可必姑除五十年二年零爲率兩載始一落我齒原四七合共廿八枚三十六年畢約算八十六是我儘長秩且莫祝兒齒願却蟲火疾便更上下空循年巳古匹爲悟霜盈頭皆是難老吉

其二

天生此何爲原以茹芳瀡貴人珍錯羅富兒豢豚豕肉食

豈知羞且以養肥後一種獨癖嗜園蔬與沼水清高抱露
蟬馨冽採湘芷豈誠五味毒氷蘖緣如此如此失與存一
無足憂喜憂喜且不及何問關生死

初落葉

颯颯西風下長林吹响微榦勁霜氣摧枯者先飄揭所嗟
氣候移向榮豈無折

拾棉

種棉荒崗下棉生抑何鈍夏燥苦炎蒸草丈棉僅寸怵偷
稻豆功揮鋤敢忽頓秋摘瘦且稀桃甲苦難褪日烘夜露

漬絞車牽繁悶積來不盈斤老人禦寒困兒女有襤褸耐與冰霜涸

甲午東庄初度

問阿今幾何五十仍加二塵浪混春秋甫解勞韁轡小半瞰風塵大半困誦記髮枯心血乾朱顏改顑頷國人美白都謂我好昆季波查等虛花中實無甘嗜五試僅未登一命輒下吏叫蠟此浮名思之願廻避林皐穩起居農樵帖夢寐東隣提濁漿西隣具蔬饋相聚嬉笑歡人散影獨自餘興山頭登明月適皎出落葉細風聲清輝流遍地寧知

復如何形神罔不遂一年又報休今夜姑頹醉

見鬻薪媍怪之

朝看負薪者巾幗何紛紛蓬首束垢帕跣足揭泥裙價値豈能較低昻人云云叩其所以故言言楚酸聞自從荒徵急差役醫如蟁道値輒縛去敲掠僅骨筋誰堪孱餓體熬坐重斧斤相率遠方避荆棘聽生殴刈就鬻升米救死延辰曛婦女不入市古語誠迂文

目病

自我中年後一年一目病不作巳七年調養今失令碧水

生奇波紅雲蹕化柄負此好春期誤我新蒔政芳草睽堤萋游子輕衫靚不有徑寸丹開我光明鏡將毋洇妍媸學蒙或益聖

烙馬

騁馬易戕人制人因刺馬不拘驛與私聘字以火寫苟被官軍獲按驗圖索把以爲杜盜源可真亦可假真者捆載歸何難并真打托以差承行開門揖盜也

志慨

人患難知心事苦不如意性情亦抑㥯肺腑終詐貳慣愛

長乍驕小規成厚忌弗追高大德而以聲色快決裂傷從
前包荒鮮區置輾轉情法碍何似初不識

邳下古望

鬱鬱射陽東自古英傑地叱咤撼岳河慷慨恥俠刺卽彼
匹夫勇刃人等兒戲置俎太公上分羹不忍弑哀哉乞王
孫湎恧受跨媿一旦祚土封推解盟無二功曹惆祚移泣
淚倡大義感在郡丞援赴死同甘嗜亡國竄窮海書生追
且至妻兒殉波臣瞪目回朝覲具此金石心萬折烏能易
天喪譖舌張兎烹騅不利礬皿漬霜鋒鐵骨忞魚食迄今

江頭烏夜夜招虞媚楚王廟位墟丞相墓草翠完敗何復論高風永不墜奄覩變滄海豈無赫忠寄封秩儼帝庭青史懸名字萬古此貞常以挽風叔季

武城河中所見

夜來上傳檄北旅又南更四出捉各舟誰敢虎鬚攖上下操舟子魂吊側目瞪一船百夫牽喘息不容平押以悍驍卒鞭棍如雨聲嗟此罹毒楚不如馬牛生馬止供驅走牛僅服田耕如何肩背破尚加箠與搒

閔孝篇

孝子恫父斃賊手索斧夜刃賊幾倒被執大怒詈
就之井孝子趙名廷舉山右武鄉人同里趙别駕
贊予爲之閔慰
銅鞮古俠烈患不聞大道天性誠愛至死生率所抱子見
父就刃心如刃自搗痛在眞骨肉此身等蒿草告之父死
所入木希完保巨斧暗在手怒覗賊睥呆刺中仇人胸含
淚拜吾考殺一堪救萬上帝命予討井流清且冽名與盤
山老

販馬行

西產馬如羊羣散無曳牽百種毛氄殊望之雲錦駢大賈賺南來揮屯輒百千絨轡金鞍具一日易數肩馳騁破疆域塵海踏飛烟狹路相衝突貴人斂手前下馬投當壚雙夜十嬋娟道旁飢呼婦嗔極不與錢

閒適

北林行

鬱鬱彼北林瀟瀟有投鶻羽毛修既整嬈嬈衷腸篤時一鳴啄茲依棲終蹐跼毋寧轉故巢姑待陽春沃假饒嘗賤貧亦自省馳逐小溪釣可揄荒山樵可束種稻亦種花吟

詩亦吟曲性情適以愉獨寐人弗告將以何位題有如古顏蠲

醉後

三千風火輪倏忽更完壞人生于其間七尺一粒芥田舍苦經營禮讓勞拳拜昏昏雙九驅好顏餓項賣杜門無量福閉目無限快昏嘿真瑞鄉沉湎大樂界只翻奇僻書所談仙與怪

辛卯舉第四女子年四十有九

所棲無華詹所耕無良地方念見得三不謂女舉四五旬

巳一餘花甲應隨至算彼及葬時存沒皆難意豈不諱死名所憑惟寸氣人亦有比言一草含一露喜其不識知且博嬉笑趣

夢中得首二句漫衍成之

一動萬機發一靜萬緣灰當其機發時白日轟迅雷當其緣灰時太山化微埃歆羨所自啓憂患所自來惟有淡與定能斷萌與芟守雌若寡母寶拙惟乳孩于巳無功罪于世無福災

有爲

鎔鎔大爐丹千金不貰寶器滿將概盈藏慢或窺好一滴
葫蘆水江湖流堪倒鄭重扃門戶練身上三島

旅院

膩膩堦下苔着雨倍生沃青翠堪娛眉柔滑若展褥幸免
高軒臨亦鮮玩物促掠水巢燕飛啣花窗蝶觸風遞美人
扇月掛華堂燭地褊胸自寬此趣何須不

解熱

雨以炎月凉得晴微生熱我欲氣候轉火雲下凍雪引扇
清風徐瀹茗苦津洌玉山垂鑑親氷壺隣照徹掩卷展藤

紋清空夢與閒意中洞壑眞豈在投氷鐵

春日入山

一年五入山山山眼厮對淺碧與深蒼總結烟霞隊堆若佛頂螺抹若殘鴉背獨念對山人不與山同色毵毵變髩烏星星攙髪黒安得人如山年年山花扳山固多幽致花亦有好顔

山庄

荒春村舍來枯突幾堆樹薄翠染山膚寒青流澗足透迤蹊徑穿蕭索烟火聚暗窗走蠹鼠淺簷下露霧索炬秉木

欒呼杯洗瓦注一卧得千間一醉忘百顛兀然光赤身山
鬼應無妒

樓寓

敞閣臨高據眼界任曠誕朝暮氣紛更陰晴景互換鳥入
碧霄逼雲動天光爛峰頂染翠青移來衫袖擁空中皎皎
月攬輝入羅幔濤虛殊不遠永夜耐孤玩

架葡

昨春未尺許今已丈之高一莖百苗叢如蠶織繭纏憑空
自緣引婉轉巧逗挑隨所寄抱處纏綿極其牢夜氣飲清

露月影漏䟽槮架之虛木梁接以細繩綢青陰蒙茸滿無縫翠被裯有時坐下酌杯影生綠濤

林晚

爽風靜自生斷雲懶不去籬插菊成錢塘浮栁放絮林景坐潛移夕曛抑何遽牧子斜坡下羣鷄詹木據萬囂入息沉洒洒釋情慮托首立柴門嗒然一無與

雨後病醒園中

雨過草酣長一日吐將寸子結梅香收筍長竹粉褪架葡千有餘藤苗交相遜惟彼夙黃揚萌生一何鈍都如中酒

入眼手未遑困對之太古然神遊在閎閎

歲時

山中雨寓

山塢三日停晝光未刻見驟雨逼燈昏奔雷連屋戰出看當門山峰峰失尖面漲水沒危橋白菸渾一片市集隔長河誰處青帘美

霧雨

人道霑天來一時八刻雨露抱山不飛雲眠壑不吐旋開又倏冥陣陣焉能數霧衣長羽毛漏屋流汁鹵稻熟轉秧

生豆落連楷腐美此甘澤淋不當月六五

二月望後一日出行

吾道自坦途何諶僉此日聊以壯行色從玆遂吾志誦讀
結初籌毋貽明發棄滑澤古所羞瓠落世亦刺率此尺寸
材亦奏鉛刀治澤物無小恩完巳恥曲庇建白何敢居不
辱聖賢字歸來草木馨中夜慪寤寐是時懸征車脂牽汞
無二

午風

陸地乾沙飛紛紛落毛雨因汗滯膩膚隨津下肺腑覿面

不相識呼聲代目睹入門求漱水沉鉢半泥土七孔安能
搜惟覺堪嘔吐行行三千里鬚眉醜且腐

除夕

年豐事攘攘年儉人草草罄畝収總無官賦押轉早洗倉
甖親戚倒甕分隣老債主索抵償稚子爭衣襖只曉一年
休別無半事好且共貼宜春閉門理殘藁

春日

陽律漸萬吹春光占原野如何已半期未見融融者霜草
絕回青寒山無染赭剔展望高登空興游絲惹坐老甕中

天明朝起秣馬

先墓清明

草根百芽排深山醒困隗蒼栢與翠松列拱分倫春深房
羣雉伏文明修春翮各有雛五三飛依不踰尺佳氣鬱葱
多雄寶所胎脉周匝雲樹重萬古此安宅

夏月恒陰

五月六月來十日九日雨糜麥蛾出飛禾粒稀可數幾許
錢和工石種割不五勞苦所甘心公私多逋主哀哀殲我
農難邀天日睹客夏值斯時杲陽抑何怒

驚蟄日雷

剌剌地膏酥釋釋土脈動片聲撼千軸一氣逗萬孔呼起睡龍亂飛將死蟣蠓勾芒起深房青陽闢羣曚物且破竅闔人寧羈牢籠自茲花鳥緣日攬其大總

十三夜泊戴城

舟倦風亦息皎然見明月水寒停躍飛波平止出沒解纜魚貫艤沿築十八檝仲弟燈火聯相向簾一揭濁酒可盞擘小蟹并殼咄問說世狀情巧拙若胡越失在傲與迂得在營與謁聽其水成渠寧爲作營窟無復富貴守富貴逝

且忽

十七夜泊鄭家口

今宵月應闕水上偏暈圓側影倒旁射一串白珠牽波動散細紋指數萬萬千搓櫓及弄槳與之逐周旋敲撲總不破宛轉若爲涎啓窗徹燭坐不寐把清娟

上元同玉鉉兒暨盛子步燈回酌

春氣冲融啓薄冰初報泮簫鼓慶良宵星橋渙且散神殿起幻山林水烟霞爛天矯火龍長從天落河漢市井小青童粧鬼結隊貫一年聊一度冷覷成汗漫歸來重整杯學

此少年玩

慨悼

輓王太史夫人 代

自天降鼇祥作合旨玄造日孕本蟠根曰嬪依靈寵金馬排門限銀稜樹牖輿簪筆鳳毛翥舞笙鸞羽翽豈期寒梅馥一夕斷風號逬從旛旗仙非復人所到徽音嗣誰傳家史皇皇告

都門孟夏十有一日追憶 慈辰

晨風淅淅陰時將暑蒸代鯖笋薦新蔬七年今安在遊子

滯上都迷忽失進退把箸無與嘗操扇誰爲賫清夜瞑口

思試如親謦咳何時反松杉泉石勤聆睞

初過侍几塚上

活活懷中鳥翻羽拔諸地胡不自北南而于道旁寄開花

白面蒙細草青塚被故廬門相望可能起任事將增黃泥

封永結青山誓年來耳目昏瞶笑來夢寐

弔五兒三歲殤

人倫天分定樂事何其少去夏失冢男今年喪筑小三歲

喜依偎慣從膝下遶大人諸言動隨事無不曉天花散獨

嚴十日虛中表提抱泚無從慈幃冷悄悄

聞鄒海岳卒史館疑之且慟隨成二首

芳桂萬叢芽苦早嚴霜折高崗鸑鷟鳴梧實誤哽噎哀哉惜斯人夙擅藝苑喆家世積琅函孔壁與周穴風儀僥金閶誠哉處子節氣下言以徐未識眉與舌同我反燕梁酬和遲不輟忘其困風塵樂子交游切

其二

豈伊無交游交游盡萍梗殷勤在面貌曾不杯酒冷哀哉念斯人赤忱自生秉立言無枝葉洞見肺腑省再上奏春

明擺策該要領千言攄其尤筆法楷以整再占一榜首養之作祟璟噫噫長庚星何意隕深井上林起悽號玉堂流空影誰人搜遺篇壽之木石永使我驚且惻清夜慟耿耿

戊戌三月十四日濟上得孫子亡信感賦

我春適遠行是爲二月九前此十餘日過子視劇否淹淹眠床息聞之起輒陡話言絮且複衷腸難一口第一望更生第二顧死後我故作慰寬調養倖或偶似知不常待剪燭頻上酒早將出門別目送還意守懇間再垂視戀戀唧衣狗自我抵棠城中心結成紐作書寄遠懷寫就神慘黯

書去人已瞑此鬱終未剖大數修短限詎分童與叟所念
子一亡眞失雙臂肘詩篇子搦管印章子刻鈕小曲調子
牙淸笛弄子手我步子導前我杯子酌右揮扇儼詣鴉題
壁宛靈蚪𩰒縻署雲鄉凄凉寒水藪遇窮多牢騷謀拙徒
愧忸喜子善承顏憐我空搔首片語解人頤一刻釋困杻
時奉色笑溫幾忘鬢髭醜卽非愛日兒奚妨忘年友與之
共徘徊仍是自消受假如我宦游翰墨資其藪小字楷書
淸大字勢力赳勒之木與石姑以糊朦瞍假如我隱佚艮
耕穫契耦山水供意探花鳥迎與趣持勞挽與推侑味洗

偕滲細勤導尊體小明佐大牖目動知隱指意會減諄誘
如食齒必箸如衣腰必綬稱識或生平亦悃從無嘔不僅
錄髫英還以樂眉耇孤蘗本足哀顙皺更可取奔蹶付舊
帷洒掃藏殘帚古人恩逮下有如某與某子寧獨靳之將
以明其厚旣完爾妻孥復給爾藝畝我固老僅存子亦死
不朽猗猗誰與扶煢煢誰與培熱櫬埋荒丘孤檠照冷日
子病我羈城子死我客走臨命作何辭入土未封塿猝爾
聞訃音迂腸爲寸採用情實非偏加念原無苟一朝撇脫
難十載追隨久重來斷莫能再似絕無有

食鷄鞍子有感

見嬉十歲上慈心卒㷔撫每聞庖砧聲盤旋遶數數投我鷄鞍子足揚手爲舞食貧費拮据無能負粟努哀哉思升斗北堂黷無主悽感春秋遠陳設盧簋簠欲如笑啼時牽衣從何覩

玄釋

印空僧

如月印川中萬川一月同川非爲月肖月豈爲川工是空是眞印是印是眞空

守性僧

守定爲依戒性堅乃積誠戒是百魔杵誠爲萬母嬰衣珠服于體應現隨其身

慧光僧

不拭鏡不瑩不撓水不清有撼明者濁有翳瑩者盲光自慧中發慧從靜裏生

爲一如僧

是僧便離俗犀江見一如頭既髡且禿身雖衲而儒頗有筆墨好不慣叅浮屠會景眉睫間投機但斯須與我松石

坐隨錢取諸沽與我切推敲韻部審模糊喜無家室累堪爲汗漫徒不則悠悠世知我其天夫

伴恒清僧治兒病

園門掩長夏終日無車馬有僧漢水來居然一醫者禪從戸下參書自方外把與我共朝夕堪結清淨社愈知俗累人小可誰能假

西來上人老而精于墨妙

滁上一老衲髮削鬚留養毿毿滿白霜面却兒孩狀遠廓築高樓千山從腕放水石染毫尖烟霞撲紙上以此顛巧

心虛空描成樣光中化萬億演出大法藏

南岳道人

南山散道人不知氏與里禿髮撮竹冠長脚叟草履住足高峰巔雲壑供眼底繁陰秀夏木幽香發野芷清風來婉徐堦戶爽與比夜半鳥語停空山月如水頗厭茹酒葷亦嫌入城市仙菓憑藥収玄關向黙指豕鹿了春秋如茲而巳矣

閨舘

抵滁友人拉城東看若耶

雨助春潮湧河柳青無限步入委巷門麗人澤且晥長髮
耀光漆五折烏雲綰不得綺與羅布縞稱素傍城國恨巳
深翻慕苧蘿產亢首風塵人爲爾一開眼

與方子訪文姬不值

歌館行都盡別構幽淡處啓戶明鏡晃茶鐺依香箸風吹
羅帳颺空上蘭床據

相逢行

乘馬過五都猝逢若輩致青紗飄髩螺掩袖逗艮媚笑出
意故含波送情猶避金屋莫藏嬌無心岫雲出到處黃公

鑪素衫羞憔悴强喜非中歡强飲非中嗜歌舞夢影間春
風門外試

歌人行

誰指歌舞場不是歡娛候銀燭燦華霄錦簾掩清晝紈扇
水幌飄沉藝冰衫透絃拍嫩指輕歌出纖眉皺一笑春風
生半胼秋水濇相逢弄嬌痴自嘆憐清瘦借問父母誰低
道離鄉幼十歲挾從兵便落鴛鴦扣朝夕巫峽雲對面誤
親舊恍惚傳貫籍江左或山右猶記育深閨珍寶相養就
萍梗東西吹飄落無根究眼前合歡杯滴濕傷心袖

卷六終